김형목

중앙대학교 사학과를 졸업하고 동 대학원에서 한국 근대사 전공으로 석사와 박사 학위를 받았다. 한국민족운동사학회장, 한국민족운동사학회 편집위원장, 국가보훈처 독립유공자공적심사위원, 숭실사학회 편집위원, 동국사학회 편집위원, 독립기념관 한국독립운동사연구소 책임연구위원 등을 역임했다. 현재 나혜석학회 연구이사, 육군본부 군사연구소 편집위원장, 한국사학회 지역이사, 한국교육사학회 연구이사, 한국여성사학회 지역이사·편집이사, 최용신기념관 자문위원 등으로 활동 중이다. 저서로『대한제국기 야학운동』,『충청도 국채보상운동』,『최용신, 소통으로 이상촌을 꿈꾸다』등이 있으며 공저로『한국근현대인물강의』,『안중근과 동양평화론』,『나혜석, 한국근대사를 거닐다』,『100년 전 사진으로 만나는 한국·한국인』,『충남 여성의 삶과 자취』등이 있다.

KB022472

최용신
평전

崔容信

최용신 평전

농촌계몽에 헌신한
영원한 상록수

김형목

민음사

일제강점기 농촌계몽운동을 상징하는 인물 하면 매헌 윤봉길 그리고 소설 『상록수』의 주인공 채영신을 떠올린다. 특히 후자는 1930년대를 대표하는 인물로, 그 전신이 바로 최용신이다. 최용신은 경기도 수원군 반월면 샘골(현 안산시 상록구 본오동)에서 현실 모순을 극복하는 데 온몸으로 노력을 기울였다. 그 숭고한 인생 역정은 세계사 속에 우뚝 선 오늘날 대한민국의 위상을 견인한 조그마한 주춧돌이라고 해도 과언이 아니다.

종교운동 차원에서 시작된 계몽 활동을 민족운동으로 승화시킨 인물이기도 한 최용신의 남다른 신앙심은 여러 난관을 극복하는 에너지원이었으며, 시대적인 소명 의식은 더불어 사는 공동체적 삶을 실천하는 밑거름이나 마찬가지였다. 주민들과 끊임없는 소통은 일상과 더불어 시대에 부응하는 가치관 변화를 이끄는 활력소이자 원동력이었다.

중학교 시절에『상록수』를 읽으면서 처음으로 그와 운명처럼 만났다. 숙명적인 인연이라면 지나친 표현일까. 그럼에도 지치지 않는 불사조와 같은 활동에 반신반의하던 시절이 있었다. 그저 소설 속 주인공이겠거니라고 단순하게 생각했다. 그리고 한동안 기억 속에서 사라졌다. 군대 복무를 마치고 복학한 후 나는 10여 년 동안 야학 교사로 활동했다. 이때 소설이 아닌 류달영의『농촌계몽의 선구 여성 최용신 소전』을 접하면서 생각이 크게 달라졌다. 비로소 소설의 주인공이 아니라 역사적인 실존 인물임을 인식하기 시작했다. 학생들과 책을 같이 읽었던 기억이 새록새록 떠오른다. 야학운동을 박사학위 논문 주제로 결정한 직접적인 계기는 이때였다. 이러한 관심사에 대해 선후배들은 우려하는 목소리도 적지 않았지만, 야학 교사 경험을 통해 야학이 '단순한' 문맹 퇴치와 더불어 새로운 배움터로 자리매김한 사실에 주목했다.

광복 50주년인 1995년 독립운동 공적을 인정받아 최용신에게 건국훈장 애족장이 추서되었다. 최용신이 역사 무대에 등장하는 감격적인 순간을 맞았다. 당시 민족 정통성 확립을 위한 조선총독부 청사 철거라는 국민적 관심사와 함께 주목을 받은 것이다. 이에 신문과 잡지에 파편처럼 흩어진 자료를 모아 퍼즐을 풀어 나갔다. 야학은 언제부터 시작되었으며 어떠한 배경에서 이루어졌는가 하는 의구심이 불현듯이 일어났다. 1890년대 후반 부국강병책을 위한 시무책의 일환으로 야학은 시작되었다.《독립신문》,《황성신문》,《대한매일신보》등에 보도된 사실에 놀라지 않을 수 없었다. 백범 김구가 쓰치다 조스케(土田讓亮)를 살해한 후 인천 감옥에 수감된 상황에서 죄수 등을 대상으로 '감옥야학'을 연 기사는 충격 그 자체로 다가왔다. 한동안 기존 연구에 대해 혼란스러울 만큼 의구심 어린 눈으로 다시 읽는 과정을 여러 번 거쳤다. 3·1운동 이전 몇몇 사례가 있다가 1920년대부터 야학이 본격적으로 실시되었다는 평가가 일반적이었기 때문이다.

원산항은 일찍이 개방되어 서구 문물이 유입되는 창구였다. 개신교 선교사들은 이곳을 중심으로 선교 사업을 벌였다. 이들은 의료와 교육 선교에 집중하면서 이방인에 대한 배외 의식을 해소하는 데 열성이었다. 덕원부사 정현석과 향중부로들도 우리나라 최초의 근대 교육 기관인 원산학사를 설립하는 등 변화에 부응했다. 20세기부터는 유지들에 의해 사립 학교와 유치원이 설립되기에 이르렀다. 근대 교육은 주민들을 각성시키는 동시에 변화를 이끌어 내는 원동력이었다.

최용신은 1909년에 원산 인근인 함경남도 덕원군 현면 두남리에서 태어났다. 가족들은 개신교를 수용하는 등 문명사회 건설을 위한 교육과 계몽 활동에 매우 적극적이었다. 최용신의 할아버지와 큰아버지, 아버지는 덕원공립보통학교 교사와 학무위원 등을 역임했다. 특히 할아버지 최효준은 1890년대 후반 고향에 사립학교를 설립해 교육 내실화에 열성을 나타낸 계몽론자였다. 이 학교는 1920년대 말기까지 현지를 대표하는 교육 기관으로 발전을 거듭했다. 최용신의 아버지 최창희는 1920년 원산 제2의 3·1운동에 참여하는 한편 덕원청년동맹과 신간회 덕원지회 부회장으로 활동한 사회운동가였다.

이러한 분위기는 근대적인 학문 수혜로 귀결되었다. 최용신은 마을 교회의 부속 기관인 주일학교와 사립학교를 거쳐 관북 지역을 대표하는 원산 루씨여학교로 전학했다. 이어 루씨여학교 고등과에 입학하는데, 입학한 이듬해에 고등과는 고등여자보통학교로 승격되었다. 재학 중에는 삼촌 최만희, 고모 최직순, 오빠 최시풍·최재풍, 사촌 오빠 등과 두호구락부를 비롯한 계몽 단체에서 활동했다. 회원들은 현안을 주제로 토론회를 개최해 주민들의 민지(民志) 계발에도 남다른 노력을 기울였다.

기도로 시작되는 일과는 스스로를 견인하는 에너지원이었다. 이웃에 사는 김학준과의 운명적인 만남은 새로운 미래를 설계하는 중요한 계기였다. 상호 신뢰감은 희망이 사라진 농촌을 되살리는 일에 함께 전념하자는 굳은 결심으로 이어진다. 루씨여고를 졸업할 당시《조선일보》에 실린 소감은 굳센 의지를 그대로 보여 준다. 특히 교목인 전희균은 신앙생활뿐 아니라 약자를 위한 삶의 의미를 일깨워 주었다. 협성여자신학교 진학도 교목의 적극적인 권유에서 비롯되었다.

서울에서 신학교 생활은 진정한 기독교인이 무엇인지를 다시금 실감하는 소중한 시절이었다. 신학교 대표로 참여한 하령회를 통해 다양한 삶의 가치를 실감할 수 있었다. 두 살 위인 고모 최직순은 종교 활동에 대한 조언을 아끼지 않았다. 교수인 황에스터는 농촌 봉사 활동을 중요하게 인식하고 실천하기를 강조했다. 황해도 수안과 강원도 통천 등지로 두 차례 봉사 활동과 브나로드운동에 참여하면서 참담한 농촌 실상을 절감할 수 있었다. 소중한 경험에서 학업을 중단한 채 수원군 반월면 천곡, 일명 샘골로 달려가는 결단을 내린다. 본격적인 농촌계몽운동에 투신하는 깃발을 올린 것이다.

굳센 의지와 달리 현지 사정은 그리 녹록하지 않았다. 유지들은 비웃거나 아예 무관심으로 일관하는 냉랭한 분위기였다. 주민들의 얼굴에서 미래에 대한 희망이라고는 전혀 찾아볼 수 없었다. 많은 갈등과 번민이 교차하는 위기의 순간을 맞았다. 기도에 더욱 정진하며 심리적인 안정을 점차 되찾을 수 있었다. 최용신은 부인계를 조직, 확대하는 동시에 샘골강습소 확장에 전념했다. 건물 증축에 틈이 나는 대로 학생들과 함께 직접 참여하는 등 적극적이었다. 왕성한 활동에 주민들의 인식도 점차 변화되었다. 추석에 즈음해 개최한 학예회는 교육의 중요성을 절감하게 하는 현장이었다. 즉석에서 자발적으로 샘골강습소 증축 발기회가 조직되었다. 강습소 낙성식 때 주민들은 성원과 격려를 아끼지 않았다. 단순한 농촌계몽가가 아니라 공동체 생활을 이끄는 선각자로 인식하고 그를 따랐다. 대단한 변화였다. 최용신 스스로도 변화하는 상황을 보면서 놀라는 한편 대견스러웠다.

샘골강습소 증축 소식을 접한 수원고등농림학교 학생들은 자발적인 후원에 나섰다. 염석주를 비롯한 유지들도 강습소를 지원하거나 명예 교사로 자원했다. 이리하여 샘골강습소는 현지를 대표하는 교육 기관으로 거듭났다. 주·야학으로 운영된 강습소에 학생들이 대거 몰려왔다. 이들을 모두 수용하기에는 교실이 너무 비좁았다. 아이들은 운동장에서 뛰어놀거나 노래를 불렀다. 이전에 꿈에서도 상상조차 할 수 없었던 천지개벽이나 마찬가지였다. 강습소는 주민들 누구나가 공감하는 희망봉이었다. 단순한 교육 기관이 아니라 자신감을 샘물처럼 아낌없이 길어 내는 상징물이 되었다.

보다 조직적이고 체계적인 농촌계몽을 위한 일환으로 최용신은 일본 유학길에 올랐다. 고베여자신학교 청강생으로 등록한 후 봉사활동에도 참여하는 등 행복한 시간이었다. 오랜만에 큰오빠나 약혼자와 보내는 하루하루는 즐거움으로 가득 찼다. 일본인 학생들도 낯선 분위기에 적응하도록 도와주었다. 최소한 교내에서 민족적인 차별은 느낄 수 없었다. 부푼 기대와 달리 학업 중 자주 피로를 느꼈다. 불행하게도 각기병에 걸려 학업을 중단할 수밖에 없었다. 큰오빠와 약혼자는 빨리 귀국해 건강을 회복한 후 다시 공부할 것을 권했다. 중대한 결단을 내려야 할 때가 조용히 다가왔다. 별다른 묘안이 떠오르지 않았다.

최용신이 귀국한다는 소식이 곧 샘골에 전해진다. 주민들은 그냥 샘골로 돌아오기를 염원했다. 거부하기에는 너무나 간절한 소망임을 단번에 알 수 있었다. 결국 여섯 달 만에 병든 육신을 이끌고 최용신은 샘골로 되돌아왔다. 휴식과 병행된 정양에 주민들의 극진한 간호로 병든 몸이 어느 정도 회복되었다. 곧바로 자리를 박차고 일어나 열성적인 활동을 거듭한다. 주민들은 걱정스럽게 바라보면서 극구 만류하였으나 소용이 없었다. 그럴수록 밤낮을 가리지 않고 오뚝이처럼 분주한 나날의 연속이었다.

그러다가 중병으로 교단에서 가르칠 수 없는 상태에 이르렀다. 결국 수원 도립병원에 입원하고 말았다. 두 번에 걸친 대수술에도 혼수상태가 계속되었다. 생사를 넘나드는 고통스러운 상황에 어느 누구도 그 아픔을 대신 겪을 수 없었다. 운명하는 마지막 순간에도 최용신은 샘골강습소를 반드시 유지해 달라는 유언을 남겼다. 자신의 분신을 끝까지 지켜 달라는 간절한 소망이었다.

1935년 사망 소식은 《조선중앙일보》를 통해 세상에 알려졌다. 세 차례에 걸친 연재는 암울한 식민지 시기 한국인의 심금을 울리기에 충분한 내용을 담고 있었다. 잡지사 기자와 시인 노천명 등은 직접 샘골을 방문해 그동안 활약상을 생생한 기록으로 남겼다. 기독교인은 《기독신보》에 조시를 투고하는 등 아름다운 삶을 추모했다. 심훈은 자신의 대표적인 소설 『상록수』를 통해 숭고한 인생 역정을 되살렸다. 주인공 채영신으로 세상에 알려지는 결정적인 계기였다. 《동아일보》에 연재되는 동안 독자들의 반응은 상상을 초월할 만큼 뜨거웠다. 중등학교 학생들에게 채영신은 로맨틱적인 존재로 각인되었고, 농촌운동에 관심을 둔 사람들에게 『상록수』는 필독서가 되기에 이르렀다.

기독교 관점에서 류달영은 '한 알의 밀알'로 최용신을 재조명한다. 앞서 간행된 '거리의 성자' 『방애인 소전』은 커다란 자극제였다. 최용신과 방애인은 직접 만난 적은 없으나 의타적인 삶은 너무나 닮았다. 분명한 사실은 이들 인생 역정에서 누구나 공감할 수 있는 공통분모의 존재다. 양정고등보통학교 은사인 김교신은 막중한 임무로 전기집 집필을 부탁하면서 그동안 모은 자료 등을 제자 류달영에게 흔쾌히 제공했다. 류달영은 샘골 주민들과 가족을 만나 온전한 인생 역정을 정리하는 데 혼신을 다했다. 불과 3개월 만에 원고 집필을 완료할 정도였다. 그 성과물이 1939년 성서조선사에서 『농촌계몽의 선구 여성 최용신 소전』으로 탄생한다. 이 책은 루씨여고보와 YWCA 등을 통해 읽히며 최용신의 존재감을 크게 알렸고, 모교도 숭고한 그의 삶을 알리는 데 노력을 아끼지 않아 최용신은 루씨여고보를 상징하는 인물로 자리매김했다. 태평양전쟁 시기에 '불온서적'으로 분류되어 금서가 되는 아픔을 겪기도 한 책이다.

오늘날은 지구촌 시대이자 다문화 시대다. 언어, 문화, 피부색이 다른 이방인에 대한 배려가 어느 때보다 필요한 시점임에 틀림없다. 서로 신뢰하는 공동체적 삶을 뒷받침하는 든든한 밑거름은 바로 소통이다. 소통은 서로의 다름을 인식하는 가운데 상대의 가치관과 존재 의미를 인정하는 유효한 방안이다. 사후 85년이나 지난 지금 최용신의 인생 역정을 정리하는 이유도 여기에 있다. 필자의 무딘 필력과 능력 부족으로 온전한 삶을 제대로 조명하지 못했다. 특히 신앙생활에 관해 새벽기도가 지닌 의미나 참된 신앙인을 지향한 그녀의 인생 역정은 거의 다루지 못했다. 그럼에도 만용을 부려 보았다. 최용신 가족들의 계몽운동이 갖는 역사적인 성격과 더불어 미흡한 부분은 차후 보완과 수정을 약속한다.

글을 정리하면서 많은 분들로부터 도움과 지원을 받았다. 노령임에도 왕성하게 활동하시는 홍석창 목사님의 조언은 가족사 이해에 안목을 넓히는 든든한 버팀목이었다. 최용신기념관 이수빈 학예사는 수집된 사진과 자료 등을 정리해 흔쾌히 제공했다. 독립기념관 조은경 학예실장은 바쁜 와중에도 꼼꼼한 교정을 마다하지 않았다. 이 자리를 빌려 고마운 마음을 전한다. 또한 책을 출판해 준 민음사에게 감사드린다. 마지막으로 아내 구순옥과 딸 민지, 아들 태현에게 미안함과 아울러 고마움을 전한다. 2020년에는 주위 모든 분들이 건강하고 행복한 시간으로 가득 차기를 기원한다.

2020년 2월
흑성산 자락 서실에서
김형목

차례

일러두기

1   맞춤법과 띄어쓰기는 한글 맞춤법과 외래어 표기법을 따랐다.

2   본문에 사용된 문장 부호는 다음과 같다.

        『 』: 전집이나 총서, 단행본.

        「 」: 단행본에 수록된 개별 작품이나 논문, 기사.

        《 》: 신문, 잡지 등 정기 간행물.

왜 최용신에 주목하는가

최용신(崔容信, 1909~1935)은 1930년대 농촌계몽운동사에 뚜렷한
족적을 남겼다. 그의 고귀한 생애는 사후부터 소설, 평전, 영화, 연극
등 다양한 형태로 조명되었다. 외형적인 성과와 달리 만족할 만한 수
준에 근접한 연구는 약간 미흡함을 느낀다. 일부 성과물은 인간 최용
신을 일상사와 완전히 분리시켰다. 그 결과 시대를 초월한 박제된 성
인(聖人)으로 다가오기도 한다. 그런 만큼 함께 호흡하면서 공감할 수
있는 최용신 '엿보기'는 일정한 간극을 드러낼 수밖에 없다.

최용신은 1909년 8월 12일 저녁에 태어났다. 고향은 함경남도
덕원군 현면 두남리 64번지다. 명사십리와 해당화로 유명한 휴양지
가 바로 지척에 위치한다. 안온하고 평화로운 분위기와 달리 현실은
급박하게 돌아갔다. 일제의 폭압적인 술책으로 한민족이 풍전등화와

같은 위기 상황에 직면하고 있었다. 무자비한 탄압과 학살이 전국에서 자행되는 폭압적인 현실이었다. 저항은 문자 그대로의 표현일 뿐이지 무수한 고난이 따랐다.[1] 무기력이 미덕으로 간주되는 시대이자 분위기였다. 실력을 배양하려는 활동마저 엄금하는 가운데 한반도는 감시와 탄압이 일상인 창살 없는 감옥이나 다름없었다. 저항은 곧 죽음을 의미하는 엄혹한 상황을 맞았다. 숨을 쉬고 목숨을 연명하는 순간을 행복이라고 여길 정도였다. 대부분 식민 지배는 영구하고 영원히 그대로이리라 예상했다. 최소한 외형상으로 그러한 분위기임을 부정할 수 없는 엄혹한 현실이었다.

일제의 회유책과 친일 세력 육성은 핵분열에 가까운 파열음을 냈다. 일부 지식인이나 관료들은 여기에 호응하는 추악한 모습을 보였고, 항일운동은 의지와 달리 일정한 한계를 드러냈다. 현실은 당혹과 힘든 무게로 양어깨를 짓눌렀다. 일부 지도자들은 장기적인 독립운동을 위해 망명길에 올랐다. 압록강이나 두만강 대안이 최적지로 주목을 받았다.

그러한 어려운 시절에 우리에게 『상록수』의 주인공으로 잘 알려진 '채영신'이 탄생한다. 바로 한국 농촌계몽운동사에서 한 역사 무대를 장식하는 최용신이다. 아버지는 창희로 본관은 경주였다. 외가나 모친과 관련된 사실은 현재 거의 알 수 없다. 선조들은 경주에서 세거하다가 14대조가 원산 섭섬으로 귀양을 왔다. 이후 고향으로 돌아가지 않고 이곳에 정착했다. 언니 용순, 큰오빠 시풍, 작은오빠 시항, 여동생 용경 등 3녀 2남 중 차녀였다.[2] 이와 같은 환경이 최용신의 앞길을 예견하는 전주곡이라면 지나친 억측일까. 가족들로부터 관심이나 귀여움을 받기 힘든 상황이었다. 남존여비나 삼종지도 같은 강고한 인습이 여전한 당시에는 그렇다는 말이다.

최용신의 생애와 활동상은 심훈의 『상록수』로 소설화된 이후부터 주목을 받았다. 1935~1936년 《동아일보》에 연재된 소설은 독자들에게 커다란 감흥을 불러일으켰다. '상록수＝채영신'이라는 인식은 이와 맞물려 널리 알려지게 되었다. 일제강점기 청소년들에게 '로망적인' 존재였다면 지나친 표현일까. 피폐한 현실은 더욱 이러한 분위기를 조장했다. 반면 민족운동가로서 그 생애는 크게 부각되지 못한 채 사실상 방치되었다. 현지 기독교인이나 종교 단체 등을 중심으로 추진된 선양 사업은 이를 방증한다.

류달영은 최용신과 만난 개인적인 인연과 수원고등농림학교 재학 시절 농촌계몽운동 경험 등을 바탕으로 전기를 썼다. 현지 생존자나 가족들의 증언과 스승 김교신이 수집한 다양한 자료를 토대로 삼았다. 1939년 성서조선사에서 출간된 『농촌계몽의 선구 여성 최용신 소전』이다.[3] 전설적인 농촌계몽운동가로서의 위상을 크게 각인시킨 이 책은 1942년 금서가 되어 해방될 때까지 한동안 햇빛을 보지 못했다. 해방 이후 여러 차례에 걸쳐 부분적인 보완을 거듭했고, 영화 「상록수」를 통해 최용신은 많은 사람들에게 '진정한 작은 한 알의 밀알'로 주목을 받기에 이르렀다.

광복 50주년인 1995년 독립운동 공적을 인정받아 건국훈장 애족장이 추서되었다. 2001년 2월 이달의 문화 인물과 2005년 1월 이달의 독립운동가로 각각 선정되는 영예를 안았다. 이는 최용신의 민족운동에 대한 재평가 작업에 일대 전환점이었다. 2007년에는 제자

들의 기부와 안산시 지원으로 상록수공원 내 최용신기념관이 세워졌다. 다문화 시대에 부응하는 이러한 노력은 소통의 중요성을 일깨우는 계기였다. 기념관은 전시와 함께 다양한 교육 프로그램을 운영하고 있다. 다문화 가정을 위한 교육 활동은 참된 상록수 정신을 살리는 지름길로 생각된다. 상록수공원이나 최용신 거리의 포토존은 시민 휴식 공간으로 안성맞춤이다.

　　일제강점기 한국 사회는 경제적으로 파탄 상태나 다름없었다. 토지조사사업, 산미증식계획 등은 농민들을 토지로부터 철저하게 배제했다. 이들의 염원인 '농민적 토지 소유'는 희망일 뿐이었다. '모범 부락' 지정과 농촌 '중견 인물' 육성은 표방한 바와 달리 식민지 농업 정책에 부응하는 저급한 인물 육성에 목적이 있었다. 식민 지배 체제는 더욱 강고해졌다. 농촌진흥운동은 '자력갱생(自力更生)'이라는 미명하에 식민지 수탈을 강화하는 중요한 기제였다. 활동 무대인 샘골도 외형과 달리 무기력이 팽배했다. 미래에 대한 희망이라고는 찾아볼 수 없었다. 오직 한탄과 분노가 이중 삼중으로 착종하는 분위기였다. 이를 개선하거나 타파하려는 의지나 흔적조차 보이지 않았다. 그저 무기력한 하루살이와 같은 존재일 뿐이었다.

이타적인 삶을 배양한 학창 시절과 신앙생활은 최용신이 꿈꾼 이상을 실천하는 에너지원이었다. 루씨여학교는 당대를 대표하는 여성교육 기관이다. 독실한 신앙생활과 학창 시절 교목인 전희균에게 받은 감화는 매우 소중한 정신적 유산으로 자리매김한다. 최용신에게 전희균은 어떠한 난관에도 결코 주저하지 않는 정신적인 지주였다.[4] 어려움에 직면할 때마다 정면으로 돌파할 수 있는 자신감을 북돋워 주었다. 현실에 당당하게 맞선 용기는 남을 먼저 배려하는 정신적인 여유를 견지하는 버팀목이었다. 약자나 가난한 자에 대한 높은 관심은 인간 존엄을 실천하는 문제로 귀결되었다.

샘골강습소(일명 천곡학원, 샘골야학, 천곡학술강습소, 샘골학원)는 최용신의 분신 그 자체였다. 농촌에서 자란 만큼 빈궁한 농촌 문제는 시급한 현안 중 하나로 인식되었다. 특히 두호구락부와 교회를 통한 토론회 참가 및 활동 등은 식민지 현실에 대한 안목을 크게 넓혔다. 삼촌, 고모, 오빠 등과 함께한 활약상은 중앙 일간지에 보도되면서 역사적인 무대에 작은 주인공으로 등장하는 시작을 알렸다. 루씨여학교 시절부터 사회 활동과 농촌 문제에 많은 관심을 두었던 그가 졸업할 당시 《조선일보》에 투고한 글은 사회적인 책무와 아울러 시대적인 사명감

을 분명하게 보여 준다. 협성여자신학교 진학은 모순된 현실을 타개
하려는 의지를 다짐하는 출발점이었다.

신학교 시절에는 두 차례 농촌 봉사 활동과 브나로드운동에 참
여했으며 조선남녀학생기독교청년회, 한국YWCA 학생 대표로 활동
했다. 1920년대 중반부터 개신교단은 농촌계몽운동에 많은 관심을
두었다. 정기적인 토론회나 순회강연 등을 통해 이에 대한 운동론을
모색한다. 하령회 참여는 신학생 최용신으로 하여금 농촌 문제에 더
욱 관심을 기울이게 만들었다. 이는 현실에 대한 보다 객관적인 인식
을 견지하는 요인이 되었다. 신학자의 꿈을 접어 두고 농촌계몽운동
에 투신하며 실천적인 활동가의 면모를 유감없이 드러냈다. 고난에
찬 가시밭길은 스스로 해결해야 할 시대적인 아픔이자 비애로 다가
올 뿐이었다. 이는 자신과 약속을 실행하는 초보적인 단계였다.

현지 사정은 기대와 너무나 달랐다. 절망감과 무기력에 휩싸인

주민들 반응은 냉담함과 무관심의 극치였다. 심지어 유지들조차 이러한 분위기에서 크게 벗어나지 않고 그저 모순된 현실을 그대로 받아들이고 있었다. 최용신은 이에 전혀 굴하지 않고 목적한 바를 묵묵히 실천에 옮겼다. 샘골강습소 신축 공사와 인가는 최우선적인 과업이었다. 부녀회, 청년회, 구우계(일명 개미계) 조직이나 운영도 주요 활동 영역 중 하나였다. 헌신적인 노력은 자신에 대한 믿음과 더불어 주민들 상호 간 신뢰와 단결을 고취하는 밑거름이었다. 개개인에 대한 인격 존중은 새로운 인간관계를 형성하는 원천이나 다름없었다. 인습의 굴레로부터 벗어나려는 여성운동가로서 참된 면모가 여기에 고스란히 응축되어 있다. 소통에 의한 교류 확대는 커다란 변화를 초래했다. 마침내 주민들은 교육과 계몽 활동에 토지나 의연금을 흔쾌히 기부하기에 이르렀다. 패배감에서 벗어나 새로운 미래를 향해 달려가는 자신감으로 가득 찼다.

협성신학교
브나로드 운동
참가자들

　기독교 농촌운동의 사업 순서는 문맹 퇴치→단체 조직→농사
개량→지도자 양성으로 잡았다. 초기 계획을 보면 YMCA는 간이 교
육·문화 계발·협동 기관·농사 개량·부업 장려·직접 원조, YWCA는
농민 보건·농민 협동·농민 교육·부업 장려, 장로교회는 농촌 전도·농
촌 위생·농촌 교육·농촌 교풍·농촌 조합, 감리교회는 농민 교양·협동
조합 등의 지침을 마련한다. 개신교 농촌운동은 계몽 활동에 커다란
비중을 두었다.[5] 즉 문맹 퇴치를 비롯한 농민 계몽부터 시작되어야 한
다는 것이 개신교계의 일반적인 인식이었다. 높은 문맹률은 농촌운
동의 전진을 가로막는 커다란 장애물 중 하나였다. 최우선적인 과제
는 문맹 퇴치로 귀결될 수밖에 없었다.
　농촌계몽운동은 특히 3·1운동 후 일제의 문화 정책(민족분열정책)
실시와 더불어 활발히 전개되었다. 활동가들은 농촌 피폐의 원인이
자연재해로 인한 한발과 홍수, 일제 농업 정책으로 인한 곡가 폭락,
공과금 부담의 과중, 농자금 핍박, 고리대, 소작제의 모순, 농촌 지도

자 결핍, 농민들의 사치 풍조, 음주 등이라고 인식했다. 당시 사회주의자들이 주장한 토지혁명을 '공상론'이라고 규정하면서, 현실적으로 가능한 문제를 풀어야 한다고 보았다.

농촌 문제 대책을 우리 스스로가 해결할 것과 위정 당국자가 해결할 것으로 나누었다. 위정자가 해결해야 할 근본 문제는 토지 분배이지만 이를 논의할 수 없는 현실이었다. 그런 만큼 현상 유지책으로 스스로 해결할 수 있는 영역에서 활동 반경을 찾았다. 농촌 구제 대책은 농민 교화, 민풍 개량, 소비조합 경영, 위생 상태 개선 등으로 요약된다. 농촌 교화, 농민 계몽의 주도층은 학생, 청년층이나 지식인 등으로 설정했다.

농촌계몽운동은 일제강점기 조선 농촌 사회의 현실적인 문제점과 폐해, 그리고 농민 의식 향상이라는 측면에서 접근한 민족주의 계열의 운동이었다. 주로 협동조합운동과 농촌 교육 활동 등을 통한 농촌 경제의 향상과 농민 사상의 계몽을 전제로 하는 민족교육운동의 일환이었다. 1930년대 초반부터 농업 공황 타개책의 하나였던 일제의 관제 운동인 농촌진흥운동 실시와 일제의 탄압으로 모든 합법적인 농촌계몽운동 조직의 활동은 중단되고 말았다.[6]

한편 농촌계몽운동 참여는 한국YWCA 농촌부 선교 사업에 부응하는 것이었다. 이는 종교운동과 더불어 인간에 대한 무한한 신뢰 속에서 이루어졌다. '한 알의 썩은 밀알'이 되기란 스스로 꿈꾼 이상인지도 모른다. 순결하고 열정적인 생활 자세는 사후에야 비로소 더욱 빛을 발했다.

민족의 진로를 고민하다

원산에서 10리쯤 떨어진 두남리는 숲과 바다가 잘 어우러진 아름다운 풍광을 자랑하는 한 폭의 그림과 같다. 동해안의 푸른 바닷물은 눈이 부실 만큼 선명하고, 굴곡진 해안선을 따라 송도원 해수욕장과 해당화로 유명한 명사십리는 푸른 솔과 흰 모래가 드넓게 펼쳐져 낭만이 곳곳에 서려 있다. 이른바 동양의 나폴리로 비견될 만큼 아름다운 항구였다. 1880년 개항된 이래 일찍부터 개신교 전래와 함께 교회, 학교 등이 세워졌다. 더욱이 서울, 함흥, 강릉 등과 교류하는 교통요충지였다. 이러한 자연환경이 주는 여유로움으로 주민들은 생소한 문물에도 전혀 배타적이지 않았다.[7] 오히려 이를 적극적으로 받아들이는 유연한 입장이었다. 일찍부터 문명사회 건설을 위한 다양한 움직임이 감지되고 있었다.

인근의 우리나라 최초 근대 교육 기관인 원산학사(元山學舍)는 자생적인 신문물을 상징한다. 단순한 학교 설립 차원을 벗어나 새로운 변화에 부응하려는 의미였다. 이를 운영하는 데 주민들이 매우 적극적으로 나섰다. 신교육을 통한 인재 양성은 일부 주민들에게 의무로 인식되었다. 학생들은 세계사적 안목을 넓히려 분투했다. 외부 세계와 교류는 이러한 상황을 초래하는 촉진제나 마찬가지였다. 그런 만큼 입신양명이라는 전통적인 가치관에서 점차 벗어났다. 신교육은 학문적인 능력의 중요성을 일깨웠다.

과수원으로 유명한 학농원(學農園)도 1901년 이곳에서 시작되었다. 초기에는 주로 서양에서 들어온 개량된 사과를 재배했다. 경제적인 목적으로 민간인이 조성한 최초의 과수원이다. 일제강점기에도 새로운 품종을 생산하는 등 대규모 농장으로 발전을 거듭해 평남 중화군 이화원(梨花園)과 함께 한국을 대표하는 과수원이 되었다. 과수 재배 기술 향상은 소득 증대로 이어지는 등 많은 관심을 받았다. 이는 외국인 주거지 형성과 소비문화 변화로 직결되었다. 인천, 부산 등지를 비롯한 개항장은 국제적인 도시로 발돋움했다.

한편 개항에 따른 외국인 거류지 형성은 근대 문물에 대한 관심을 고조시켰다. 조계지에 각종 건축물을 세우는 등 자신들의 우월감을 드러냈다. 유치원, 소학교, 은행, 회사 등은 근대 문물로서 위용을 유감없이 발휘한다. 원산유치원은 유아 교육에 대한 관심과 인식 변화를 초래한다. 특히 일본인 유입이 원산으로 급속하게 이루어졌다. 원산항의 외형적인 변화는 이러한 배경과 맞물렸다. 외래 문물에 대한 주민들 반응은 부러움과 질시, 배척과 수용 등 묘한 이중적인 시선이 교차했다. 이러한 분위기는 개항장의 일반적인 추세였다. 다만 원산항 주변은 다른 지역보다 빠르게 변모하고 있었다. 물론 이를 터부시하는 경우도 공존했다. 대체로는 외래 문물을 호기심 어린 시선으로 바라보았다.

시세 변화에 대한 인식과 더불어 집안 분위기도 커다란 변화를 초래한다. 근대 문물 수용을 위한 최선책은 신교육 시행으로 귀결되었다. 개화정책에 자극을 받은 원산항 향중부로와 덕원부사 정현석은 의기투합했다. 변화에 부응해 1883년 우리나라 최초의 근대 교육기관인 원산학사가 설립되었다. 새로운 교육기관인 학교가 역사 무대에 등장하는 순간이었다. 그러나 임오군란, 갑신정변 등 정국 불안

과 외세 침탈에 따른 보수 반동 체제 강화로 답보 상태를 면치 못했다. 1890년대 후반까지 10여 년간 신교육은 거의 방치 상태였다고 해도 과언이 아니다. 반면 선교 사업의 일환으로 설립된 배재학당, 이화학당, 경신학교, 배화여학당, 영화여학당, 일신여학당 등은 대표적인 '근대 교육 기관'으로 발전했다.[8] 이처럼 초기 근대 교육은 선교 사업으로 진전되고 있었다. 선교 활동으로서 신교육 시행은 일부 지배층이나 선각자들을 각성하게 했다.

갑오개혁은 신교육 시행을 위한 법제 정비의 새로운 이정표였다. 김홍집 내각의 온건개화파는 요직을 차지한 후 자신들의 정치 개혁 구상을 실천해 나갔다. 정부는 신교육을 담당할 부서로 1894년 7월 학무아문을 설치했다. 8월에는 '학무아문고시'를 통해 신교육의 필요성과 중요성을 역설했다. 이듬해 4월 학무아문은 학부로 개편되었다. 고종은 1895년 1월 '홍범 14조'와 2월 '교육입국조서'를 반포해 보통 교육 이념과 실천 의지를 천명했다. ① 교육은 국가 보존의 근본이며, ② 신교육은 과학적 지식과 신학문·실용을 추구하는 데 있고, ③ 교육의 3대 강령은 덕육·지육·체육이고, ④ 교육입국의 정신은 학교를 많이 설립해 인재를 육성하는 것이 국가 중흥과 국가 보전에 직결된다는 등이 주요 내용이었다. 곧 왕실 안전과 국가 부강도 모두 우리 신민의 교육 여하에 달려 있다는 논리였다.[9] 이를 계기로 신교육 시행을 위한 각종 법령이 제정, 시행되었다.

초등 교육 전반에 관한 '소학교령'은 만 7세에서 15세까지를 '학령아동'으로 규정했다.(16조) 소학교는 설립 주체에 따라 관립(정부)·공립(지방관청)·사립(개인)으로 구분하고,(2조) 국가는 이들에게 8년간 국민 교육의 기초와 생활에 필요한 보통지식과 기능 등을 교수할 방침을 밝혔다.(1조) 수업 연한은 심상과 3년, 고등과 2년이나 3년이었다.(7조) 심상과 교과목은 수신, 독서, 작문, 습자, 산술, 체조 등이다. 체조 대신에 본국역사, 본국지리, 외국지리, 외국역사, 이과, 도화 등과 여학생을 위한 재봉 과목을 추가할 수 있었다.(8조) 고등과 교과목은 수신, 독서, 작문, 습자, 산술, 본국역사, 본국지리, 외국지리, 외국역사, 이과, 도화과 등에 여학생에 한해 재봉 과목을 추가했다. 또한 시의에 따라 외국어 한 과목을 추가하는 대신 외국지리, 외국역사, 도화 한 과목이나 여러 과목을 제외할 수 있는 재량권을 부여했다.(9조) 군·부 단위의 지방 공공 단체는 의무적으로 공립소학교 설립을 규정하는 등 신교육 시행에 박차를 가했다. 다만 지방 실정에 따라 먼저 사립소학교 설립, 운영을 권장하는 등 급속한 시행보다 점진적인 실시를 권유했다.(17조와 18조)[10] 이와 동시에 각종 교육 관계 법령을 제정, 반포하는 등 신교육 시행에 필요한 법제적인 기초도 마련했다. 현실을 감안한 점진적인 시행은 신교육을 널리 보급하려는 의도에서 비롯되었다.

최용신의 할아버지 최효준은 1890년대 후반 현지에 사립학교를 설립했다. 변화에 부응하려는 일환이었다. 원산학사나 교회 부설 주일학교는 신선한 자극제였다. 특히 일본인 자제를 위한 유치원이나 학교 운영 등도 영향을 미쳤다. 정부는 '교육입국조서'를 발표했다. 신교육 시행으로 변화에 부응하려는 몸부림이었다.

최용신의 큰아버지 최중희와 아버지 최창희도 덕원공립소학교 교사 혹은 학무위원으로 활동하는 등 이곳을 대표하는 교육자였다. 가족들은 1920년대 중반까지 신교육 보급에 남다른 노력을 기울였다. 이는 최용신을 비롯한 오빠와 자매들의 신교육 수혜로 이어졌다.[11] 천운을 안고 태어났다고 해도 과언이 아니다. 1910년대 여자 학령아동 중 신교육을 받는 비율은 0.5퍼센트도 채 못 되는 게 현실이었다. 정말 하늘이 준 선물이었다. 최용신은 자신에게 부여된 기회를 열정적인 공부로 화답했다.

이와 달리 어린 시절 아픔도 있었다. 최용신은 어릴 때 마마(천연두)를 심하게 앓았다. 얼굴과 정강이에 선명한 흔적이 남았다. 또래 아이들은 위로나 동정하기는커녕 곧잘 놀리거나 면박을 주었다. 자연스럽게 외톨이로 혼자 있는 시간이 많았다. 어려서부터 감내하기 힘든 고민과 아울러 깊은 사색에 빠졌다. 마을 교회가 운영하는 주일학교는 유일한 피신처이자 위안처였다. 개신교에 더욱 관심을 갖게 된 이유도 여기에서 찾아진다. 놀림으로부터 벗어난 신앙생활은 위안과 평온을 안겨 주었다. 교회는 글을 배우는 학교이자 새로운 세계를 접하는 인생 통로였다. 사실상 스스로를 뒤돌아보는 자유롭고 희망을 주는 안전지대였다. 신앙생활과 봉사 활동에 투신할 수 있었던 바탕은 이때부터 배태되고 있었다. 자신의 존재에 대해 물어보고 생각을 거듭한다. 번민과 사색은 어린 최용신에게 인생 항로를 설계하는 중요한 계기로 다가왔다.

주일학교를 거쳐 1916년에는 마을에 있는 사립학교에 입학했다. 약 2년간 이곳을 열심히 다녔다. 공부에도 남다르게 열중하는 모범적인 최용신을 부모는 1920년 원산의 루씨여자보통학교로 전학시켰다. 이 학교는 진성여학교와 더불어 이곳을 대표하는 여성 교육 기관이었다. 3·1운동 당시 여학생들은 만세시위에 동참했다. 민족 모순 해결에 앞장서는 쾌거이자 여학생들의 존재를 알리는 계기였다. 식민지 교육에 대한 루씨 여학생들의 저항은 이후 지속적으로 전개되었다. 6·10만세운동이나 광주학생운동에 동조한 동맹 휴학도 있었다. 모순된 현실을 개선하려는 인식은 학생들에게서 사회운동에 대한 적극적인 관심을 이끌어 냈다. 주일학교 선생을 비롯한 주위 사람들이 독립 만세를 부르는 현장을 직접 보았다. 일제 경찰과 헌병은 평화적인 시위대를 잔인하고 무참하게 진압했다. 너무나 잔인한 광경이었다. 비록 어린 나이였으나 커다란 충격을 받았다. 그저 무서워할 뿐이지 어떤 행동을 하기에는 어린 나이였다. 하지만 궁금증은 번뜩번뜩 아른거렸다. 일본인들은 왜 한국인을 미워하는지 의문이 꼬리를 물었다. 한국인과 일본인은 영원히 화해할 수 없는 관계인가. 정답은 찾을 수 없었으나 식민 지배가 지닌 모순을 미약하나마 인식하기에 이르렀다.

3·1운동 이후 새로운 사조인 개조론이 유입되었다. 개인이나 민

족 개조를 위한 지름길은 신교육 보급을 최우선 과제로 삼았다. 이와 같은 분위기는 대한제국기 이래 다시 향학열 고조로 이어졌다. 공립 보통학교는 입학지원자의 겨우 20퍼센트 정도를 수용하는 상황이었다. 세계 역사상 초등 교육 기관에서 입학시험을 치르는 진풍경이 곳곳에서 연출되었다. 중등학교는 상상을 초월할 입시지옥을 초래했다. 불합격자들 중 스스로 생명을 끊는 비극적인 소식이 난무했다. 배움에 대한 갈망은 중요한 사회적인 문제로 부각되었다. 우후죽순처럼 조직된 계몽 단체는 야학, 강습소 등을 설립했다. 원산이나 덕원 지역도 예외는 아니었다. 특히 서당은 근대적인 교수법과 교과목을 도입했다. 이른바 개량서당이 곳곳에서 등장한다.

"아는 것이 힘이다. 배워야 산다."라는 슬로건이 전국을 강타했다.[12] 이는 교육 만능주의가 팽배하는 분위기로 귀결되었다. 그럼에도 입학난 문제는 해결되지 않았다. 절대적으로 부족한 공교육 기관은 향학열에 부응하기에는 너무나 초라한 규모였다.

일제는 영구적인 식민 지배를 위한 문화통치로 정책 변화를 시도한다. 3·1운동으로 고조된 독립운동 열기를 왜곡시키려는 의도에서 시작되었다. 일종의 우회전술이었다. 독립만세운동은 저들에게 커다란 충격을 안겨 주었다. 총칼로 한민족을 손쉽게 지배할 수 있다고 자신감을 보였다. 그러나 대단한 착각이자 환상일 뿐이었다. 무력 진압은 오히려 한국인의 저항 의식을 크게 충동했다. 조국독립을 향한 강력한 의지가 삼천리강토를 뒤흔들었다.

사회적으로 가장 천대받는 백정 자녀들은 신교육의 수혜를 거의 받지 못했다. 강고한 인습은 공교육 기관 입학을 철저하게 배제했다.

일제강점기에 천민 계급의 사회적 지휘 향상을 목적으로 조직된 형평사(衡平社)가 가장 중점을 둔 활동 중 하나는 바로 교육이었다. 지사나 분사는 대부분 교육부를 두어 자녀 교육 문제에 특별한 관심을 기울였다. 형평사 전조선임시총회에서는 '신춘학기 아동 입학의 건'에 대해 다음과 같이 결의했다. "첫째, 우리 형평사원은 본년 신학기에 학령아동의 취학에 노력한다. 둘째, 종래 불합리한 관습에 의해 형평사원의 아동 입학을 방해하는 자가 있을 때에는 전 사원이 결속해 이에 대항하며 그 선후책을 마련한다."[13]

3대 총독으로 부임한 사이토 마코토(齋藤實)의 취임 연설은 의미하는 바가 크다. "총칼로 지배하는 것은 그 순간의 효과밖에 없다. 남을 지배하려면 철학, 종교, 교육, 문화 등을 앞장세워 정신세계를 지배해야 한다."라고 밝혔다. 무단통치인 헌병경찰제는 폐지되었다. 기만적인 문화통치는 더욱 교묘하게 진행되는 분위기의 확산으로 이어졌다. 한민족 상호 간에 불신을 조장하는 등 민족 분열을 획책하기에 이르렀다.[14] 이는 영구적인 식민 지배를 위한 전주곡임에 분명했다. 각종 법령을 제정, 시행함으로써 한민족의 일거수일투족을 족쇄로 묶었다. 독립운동의 방략을 둘러싼 활동가들에 대한 대립, 갈등 조장은 이러한 의도와 맞물려 진행되었다.

현실 인식이 심화되다

원산에서 학창 시절은 그리 순탄하고 즐거운 나날만이 결코 아니었다. 악조건 속에서도 최용신은 항상 여유와 미덕을 쌓으려는 노력에 전력을 기울일 만큼 열정적이었다. 학창 시절에 경제적인 어려움으로 도서관에서 일하며 학비를 조달했다고 한다. 또 일부 연구자는 큰아버지의 도움으로 학비를 마련했다고 한다. 물론 아르바이트를 하면서 도서관에 소장된 수많은 서적을 읽었다고 짐작된다. 졸업을 즈음해《조선일보》에 투고한 글에서 쉽게 짐작할 수 있다.

그러나 가족들의 사회 활동을 종합할 때 이 부분은 지나치게 과장된 게 아닌가 생각된다. 훌륭한 인물은 어떠한 역경과 운명조차 극복하려는 실천력을 발휘한다는 강박 관념이 작용한 결과다. 당시 중등 교육 수학 기회는 극소수 여성에게 부여된 '특권'이다. 누구에게나 주어진 기회는 결코 아니다. 여자중등학교 입학은 낙타가 바늘구멍에 들어가기만큼이나 어려웠다. 행운의 여신만이 누릴 수 있었다. 두 살 연상인 고모 최직순도 마찬가지였다. 중등 교육뿐 아니라 고등 교육을 받은 최용신은 선택된 존재였다. 그리고 그는 이 땅의 약자를 위해 이타적인 삶에 무게를 두었다. 학창 시절을 통해 그러한 가치관을 배양한 점에서 숭고함을 엿볼 수 있다.

루씨여학교 고등과에 진학하자 루씨고등여학교로 승격이 되었다. 이러한 소식은 중앙 일간지에서 대서특필할 만큼 빅뉴스였다. "남감리교 선교부의 경영인 원산 루씨여학교는 종전 보통, 고등 양 과로 나누어 조선인 여자 교육을 힘써 오던바, 작년 여름 원산 명사십리 해수욕장에서 열린 이 선교부 회의에서 루씨여학교를 완전한 여자고등학교로 조선총독부의 지정을 받기를 만장일치로 가결한 후 한편으로 루씨여자보통학교를 새로 건축하며 또 한편으로는 총독부에 지정을 청원하는 동시 고등학교에 대한 제반 설립을 착착 진행하던바, 금번 총독부로부터 여자고등학교로 지정을 받는 데는 설비비로 만 원이 든다는 통지가 도착되었으므로 학교장 오리부 양은 설비비 만 원을 얻기에 자못 열중하던 결과 가일층 완비가 되겠으므로 머지않은 장래에 완전한 여자고등학교로 승격될 서광이 있다고." 고등여학교 승격은 원산, 덕원 주민들은 물론 민족적인 관심사 중 하나였다.[15] 여성 중등교육 기관의 탄생은 주민들의 염원임에 틀림없었다.

학교 승격은 교육 내실화를 도모하는 중요한 계기였다. "원산에 있는 루씨여학교는 학교의 내용이며 모든 설비를 충실히 하고 그간 총독부 학무국에 여자고등보통학교로 승격할 청원을 하였던바, 지난 6월 26일부로 사립여자고등보통학교로 승격되었다는 인가가 나왔다더라." 학교 체제도 정비되어 나갔다. 더불어 학교 운영비 충원을 위한 방안이 다양하게 마련되었다. 주민들도 의연금을 모금하는 등 학교 발전에 크게 이바지했다.

재학 중 남을 위해 희생하고 봉사하는 생활 태도는 교외 활동을 통해 터득했다. 독실한 신앙생활은 자신의 전 생애를 지탱하는 버팀목이었다. "용신은 한번 결단하면 어떠한 난관에도 끝까지 그 일을 마무리하는 의지가 누구보다 강했다."라거나 "용신이는 꼭 제 고집대로 살았어요. 나와는 싸움도 가끔 하였고, 때려 준 일도 있었어요. 한번 옳다고 생각하면 무슨 일이 있어도 제 생각대로 했어요. 옳은 일에 대해서는 굽힐 줄을 몰랐어요."라는 작은오빠의 회고는 이를 방증한다.

새벽기도는 스스로 존재성을 인식하는 중요한 의미를 지닌다. 최용신이 가장 좋아하는 기도문은 「새벽 종소리에 따라 올리는 기도」

였다.

전능하신 여호와의 능력이 아니면 어찌 이 아름다운 새벽이 있으며,
하나님의 은혜가 아닌들 어찌 나로 하여금 이 기쁨의 동산을 보게 하
였으리오.
하나님은 홀로 하나이시니 전능하시도다.
하나님의 은혜는 무한하시니 내 감사하는 바로다.
여호와의 이름을 만세에 높이고 여호와의 성호를 영원토록 찬양하
리로다.
오, 하나님 계신 이 동산에 하나님이 지으신 이 새벽에
이 아름다운 자연 속에서 나로 하여금 뛰놀게 하시고 노래하게 하셨
으니,
주여! 그 은혜 감사하는 바로소이다.
아버지 하나님이시여!
이 고요하고 맑은 새벽같이 이 마음도 맑고 고요하게 해 주소서.
이 아침 공기가 새로움같이 이 정신도 새롭게 해 주소서.
아버지 하나님, 들려오는 거룩한 종소리같이 이 몸을 강하게 해 주시며
이 입으로 나오는 말이 모든 사람의 정신을 일깨우게 해 주소서.
저 종소리는 거룩합니다.
그 속에 아무 시기와 질투와 거짓이 없습니다.
오, 주여! 이 마음속에 모든 불의한 생각을 내어 버리게 도와주소서.
주여! 내가 저 종소리를 들음같이 이 죄인의 기도 소리를 들어 주소서.
거룩하신 주여! 이 몸은 주님을 위해 바치나이다.

여호와여! 이 몸은 남을 위해 형제를 위해 일하겠나이다.

여호와여! 살아도 주를 위해 살고 일하여도 의를 위해 일하옵고

죽어도 다른 사람을 위해 죽게 하소서.

여호와여! 이 몸을 주께 바치오니 이 아침 공기가 신성하고 깨끗함같이

내 마음을 새롭게 하소서.

오! 주여 오늘 하루를 기쁘게 해 주소서.[16]

이처럼 새벽기도는 하루를 시작하는 출발점이자 자신의 각오를 다짐하는 현장이다. 최용신은 기도로 시작해 기도로 하루를 마무리했다.

고등여학교 후배인 전진의 회고담은 이러한 사실을 잘 보여 준다. "용신 언니는 남의 앞에서 내가 독실한 예수교 신자다 하는 태도를 보이지 않는 성미였어요. 그러므로 그가 참으로 기독교의 가르치는 정신 그대로 살아 보겠다는 사람인 것을 알지 못하고 그저 열심인 사람인 줄로만 알기 쉬워요. 그는 세상 사람들이 겉으로 보는 것보다 훨씬 높고 깊은 견실한 신앙을 가진 사람이어요. 저는 용신 언니를 몹시 따랐고 또 그분도 저를 참 사랑해 주었어요. 용신 언니가 루씨여학교에 재학하고 있을 때에도 날마다 이른 새벽에는 열심히 기도를 계속하였고, 서울여자신학교(협성여자신학교)에 가서도 이 새벽기도의 생활은 더욱 열심히 힘 있게 계속된 것을 알고 있어요."

전능하신 주에 대한 찬양과 동경은 자신을 지탱하고 이끌어 가는 디딤돌이었다. 피로하거나 무료할 때도 언제나 찬송가를 애창하는 등 신앙생활이 병행되었다. 곧 신앙생활과 일상사는 동전의 양면

과 같았다. "살아도 주를 위해 살고", "이 몸을 주께 바치오니"라는 자기 고백이나 마찬가지였다.

하느님과 함께하는 시간은 스스로 존재 의미를 일깨웠다. 이타적인 삶에 대한 확신은 역동적인 사회 활동으로 이어졌다. "이 몸은 남을 위해 형제를 위해 일하겠나이다."는 새로운 시작과 함께 스스로 각오를 다짐하는 참회였다.[17] 일상사에 대한 반성과 고백은 적극적인 봉사 활동을 견지하는 밑바탕이었다. "일하여도 의를 위해 일하옵고 죽어도 다른 사람을 위해 죽게 하소서."라는 다짐은 독실한 신앙인으로서의 면모를 그대로 보여 준다.

김학준과 인연을 맺다

루씨여학교 시절에 최용신은 덕원 지역 계몽운동을 선도하는 두호구락부 회원으로 활동했다. 이 단체는 덕원군 현면 청소년들을 중심으로 1923년 12월 8일에 조직되었다. 목적은 청소년의 육체적 훈련과 교양인으로서 인격 완성이다. 임원진은 위원장 김주연, 서무부 최종희·김우연·최시성, 체육부 최시항, 문예부 최시준 등이었다. 최시항은 최용신의 작은오빠다.

두호구락부는 덕원 일대 유학생을 대상으로 하계 방학을 이용한 토론회를 정기적으로 개최한다. 연제는 「현대 문화 향상에는 설(舌)이냐? 전(錢)이냐?」로, 가편은 이해성, 김학준, 김영은, 박경옥이었다. 최만희, 김충신, 최직순 등과 최용신은 부편으로 편성되었다. 최만희는 나이 어린 삼촌이었고, 최직순은 두 살 위인 고모였다. 약혼자 김학준과 더불어 그의 가족이 대부분을 차지한 토론이었다. 토론회는 한 치양보도 없이 팽팽한 긴장감 속에서 진행을 거듭했다. 상대방에 대한 공격보다는 자신들의 주장을 객관적으로 제시하기 위해 열성을 다했다.[1] 그리고 이를 통해 현안에 대한 보다 합리적인 방안을 모색했다. 김학준과 만남은 미래의 꿈을 키우는 희망찬 학창 시절로 이어졌다. 김학준은 세 살 연하의 청년이었다.

운명적인 만남은 계속되면서 약혼으로 이어졌다. 같은 마을에 사는 김학준은 교회에 같이 다녔다. 어느 날 김학준이 심각한 표정으로 말을 걸어왔다. "용신 씨! 오늘은 고백할 말이 있다. 조용한 데로 가서 이야기를 좀 하자." 동네 어귀 조용한 우물가의 담장에 걸터앉은 두 사람 사이에는 묘한 침묵만이 흐른다. "나는 언제나 순수한 동지로서 너의 민족과 국가를 위한 열정을 너무나 잘 알고 있다. 이제 세속적인 사랑을 넘어 동지로서 너와 하나가 되고 싶다. 이제는 너를 생각하지 않고는 한시도 살 수 없음을 느낀다. 난 너의 평생 동반자가 될 결심을 했다."

너무나 뜻밖의 청혼에 그저 어리둥절할 뿐 곧바로 대답할 수 없었다. 혹시나 자신의 의중을 살피는 의도가 아닌지 의구심마저 들었다. 분한 마음도 문득문득 일어났다. 생각을 달리해 보니까 한편으로 고마운 마음까지 들었다. 일생을 농촌계몽에 바칠 것을 각오한 지 이미 오래된 그녀였다. 며칠을 두고 번민에 빠지지 않을 수 없었다. 잠을 이루지 못하는 날도 한두 번이 아니었다. 그럴수록 김학준은 더욱 강하게 청혼을 해 왔다. 화를 여러 번 내었으나 전혀 소용이 없었다. 달래도 보았으나 역시 마찬가지였다. 그녀를 대하는 태도에서 점차

약혼자
김학준 장로

진정함을 느끼게 되었다. 결국 변함없는 의지에 감동받아 청혼을 수락한다.

문제는 집안 어른들이었다. 청혼 문제를 상의하였더니 뜻밖에 큰아버지가 완강히 반대하고 나섰다. 김학준의 집안이 문벌이 없다는 이유였다. 최용신은 설득에 적극적으로 나선다. 결혼을 단념한 사실과 청혼을 받아들이게 된 과정을 조리 있게 설명했다.[2] 봉건적인 사고에 얽매여 약혼 문제를 결정하고 싶지 않다는 의견도 제시했다. 결국 집안 어른들은 확신에 찬 설득에 감복해 승낙한다. 천군만마를 얻은 묘한 기분이 들었다. 기쁨과 동시에 두려움도 공존하고 있었다. 물론 결혼은 농촌 지도자로서 자질을 충분히 갖출 때까지 일단 유보하기로 했다.

두 사람은 농촌계몽 활동에 투신하기로 뜻을 모았다. 청년 단체와 계몽 단체 등을 통해 자원봉사를 마다하지 않았다. 주일학교와 교회에 나가 지역사회 문화를 창달하는 데 최선을 다했다. 가장 우선적인 작업은 민지(民志) 계발을 위한 교육 활동이었다. 강연회나 토론회 참여로 이러한 과업을 실천하는 데 앞장섰다.

야학이나 개량 서당 등의 명예교사 활동과 아울러 순회강연에도 참여했다. 김학준은 동료로서 함께 활동하는 등 지원을 아끼지 않았다. 현장 체험은 농촌계몽운동에 대한 이해를 심화하는 소중한 자산으로 축적되어 나갔다.

농촌계몽운동을 설계하다

루씨여고보에서의 학창 시절은 바쁜 나날이었다. 학업과 병행된 도서관 아르바이트와 과외 활동 등으로 항상 긴장된 순간을 맞게 된다. 도서관에서 접하는 많은 서적은 풍부한 소양을 쌓는 기회였다. 독서는 다양한 가치관이 갖는 의미에 새롭게 접근하는 계기로 작용한다. 특히 교목 전희균 선생을 비롯한 선생들의 격려는 자신감을 배양했다. 스스로 나아갈 방향을 나름대로 탐색할 수 있었다. 동료들과 교내를 산책을 하면서 자신의 포부를 밝히기도 한다.

힘들고 바쁜 시간은 그래도 지나간다. 1928년 3월에는 그동안 정든 교정을 떠나야 할 졸업식이 거행된다. 노력을 기울인 만큼 우수한 성적으로 졸업할 수 있었다. 신문사는 졸업생들에 대한 특집 기사를 내보낸다. 여기에 동료들과 함께 소개되는 영광을 안았다. 더욱이 장래 포부를 밝히는 기고문을 요청했다. 너무나 기쁜 순간이자, 향후 의지와 활동을 천하에 알릴 절호의 기회였다.

최용신은 박현숙, 박재열 등과 함께 루씨고등여학교를 우등으로 졸업한다. 주요 일간지는 이들을 다음과 같이 소개한다.

루씨여자고등보통학교의 교문을 나선 금년 봄 졸업생은 스무 명이니, 4년간 그들의 쌓은 공도 적지 않거니와 앞으로도 역시 학해(學海)에 몸을 넣어 장차 조선 사회에 일비지력이라도 돕고서 든든한 기초를 세우려 하는 것이다. 이제 그들의 지망들을 숫자적으로 따져 보면 이화음악과(梨花音樂科) 1인, 이화유치사범(梨花幼稚師範) 1인, 경성사범연습과(京城師範演習科) 1인, 조선의학교(朝鮮醫學校) 1인, 협성여자신학교(協成女子神學校) 1인, 기타 상급 학교 6인, 미정 10인이다.[3]

이들 가운데는 장차 음악과 문학에 성공할 소질을 가졌고 또한 이 방면에 노력하는 두 규수가 있으니, 즉 전자는 박현숙 양이요, 후자는 최용신 양이다. 그들은 각 과를 통해 우등으로 졸업을 하였고, 영리하고 덕성이 있어 동반에게 고임을 받았다. 박 양의 예쁜 손이 피아노 위를 왔다 갔다 할 때마다 동해안의 물고기와 벌조차도 흥에 못 이겨 꼬리를 흔드는 것이다. 그는 학교나 교회에서 무슨 회가 열릴 때에는 의례히 출연을 하는 것이니 아직 음악이 보급되지 못한 시골이건만 그로 인해 머지않은 시기에 큰 서광을 볼 줄 안다. 그는 이화여자전문학교 음악과에 입학하리라 하며 최 양은 농촌 여성 교육 문제에 많은 연구를 하는 중이니 그가 언제든지 글을 쓰면 '조선의 여성운동은 농촌에서부터 일으키자.' — 이것이 내용의 중심이 된다 한다. 그러므로 그는 농촌 문제에 대한 서적을 탐독하기에 가장 많은 시간을 사용했다고 한다. 그는 또한 독실한 신앙가로 십자가에

못 박힌 예수를 본받아 자선의 길을 밟고자 위선 경성 협성여자신학
교에 입학해 수양에 노력하리라 하며 그 외 박재열 양과 박두성 양
은 모든 과정을 통해 우수한 성적을 얻었는데, 박재열 양은 4년 동안
을 하루도 결근이 없는 정력가로 장래에는 아동 교육에 노력하리라
한다.

졸업에 즈음해 최용신은 농촌계몽운동에 헌신할 각오를 분명하
게 밝힌다. 「교문에서 농촌으로」가 바로 그것이다.

수일(數日)이 불과해 중등의 학업을 마치게 되니 기쁨도 있으려니와
반면에는 애연한 느낌도 없지 아니하나, 인연 깊고 정 쌓인 루씨원(樓
氏園)을 떠나게 되니 형편과 처지가 다 같은 우리들은 이 자리를 당해
회고의 느낌과 새로운 희망과 포부를 가졌을 줄 안다.
이제 우리는 교문을 떠나 사회에 발을 들여놓게 되었다. 과연 우리
의 전도(前途)는 평탄하다고는 도저히 믿을 수 없다. 그는 즉 이 사회

에 부족함이 있고 없는 것이 많은 까닭이다. 그러므로 이 사회는 무엇을 요구하며 누구를 찾는가? 그는 무엇보다도 누구보다도 신교육을 받고 나아오는 신인물을 요구한다. 그중에서도 더욱이 현대 중등 교육을 받고 나아가는 여성들을 가장 요구하는 줄 안다. 그것은 여성이 남성보다 출중해 그런 것이 아니라 조선의 재래(在來)를 보면 남성들의 다소의 노력과 활동이 있었으나 그 세력과 활동으로써 그만한 성과를 얻지 못했다. 그것은 남성의 노력이 부족하며 활동이 적은 까닭이 아니다. 원래 이 사회의 조직은 남녀 양성으로 된 것이다. 자고이래로 우리 조선 여성이 반만년 동안 암흑 중후에 묻혀 사회의 대세는 고사하고 자기 개성조차 망각하고 말았다. 그러므로 남녀 양성을 표준한 이 사회에서 남성 편중의 활동과 노력할 뿐만으로써는 원만한 발달을 받을 수 없을 것이다. 이 점에 있어 우리 교육을 받은 여성이 자각하고 책임의 분(分)을 지고 분투한다고 하면 비로소 완전한 사회를 건설할 줄로 믿는다. 이 의미에서 중등의 교육을 마친 우리들은 자기의 이상하는 바에 의해 자기 힘자라는 데까지 노력하지 아니하면 안 될 것이다.

이제 그 활동의 첫걸음은 무엇보다 농촌 여성의 지도라고 생각한다. 나는 농촌에서 자라난 고로 현실 농촌의 상태를 잘 안다. 그러므로 내가 절실히 느끼는 바는 농촌의 발전도 여성의 분투함에 있을 줄 안다. 참으로 현대 교육을 받은 여성으로서 북데기 쌓인 농촌을 위해 헌신하는 이가 드문 것은 사실인 동시에 유감이다. 문화에 눈이 어두운 구여성만 모인 농촌이 암흑에서 진보되지 못한다 하면 이 사회는 언제든지 완전한 발전을 이루지 못할 것이다.

이 농촌 여성의 향상은 중등 교육을 받은 우리들의 책임으로 알아야
할 것이다. 그러면 중등 교육을 받고 나아가는 우리로 화려한 도시의
생활만 동경하고 안락한 처지만 꿈꾸겠는가? 그렇지 않으면 농촌으
로 돌아가 문맹 퇴치에 노력하려는가?

거듭 말하나니 우리 농촌으로 달려가자! 손을 잡고 달려가자![4]

향후 진로는 가난한 농촌을 되살리기 위한 방향으로 잡았다. 자
신의 희망이자 포부를 천하에 알리는 신호탄이었다. 앞길이 평탄하
지 않으리라는 전망과 함께.

농촌을 되살리는 길은 남성의 노력도 물론 중요한 부분이다. 그
러나 자신과 같은 신여성의 적극적인 역할은 더욱 필요한 현실임을
강조했다. 화려한 도시 생활을 동경하거나 안락한 처지만 생각해서
는 피폐한 농촌을 되살릴 수 없다고 강력하게 주장했다. 이를 위해 앞
으로 달려가기만 하면 되었다. 물론 자신이 가는 길이 순탄하지 않음
을 알고 있었다. 농촌계몽으로 나아가는 길은 "손을 잡고 달려갈" 때
에 더욱 빛을 발하리라는 희망찬 전망을 밝혔다. 혼자가 아니라 함께
할 때 성과는 배가될 수 있다는 생각에서였다. 공동체적인 삶에 대한
강조는 이러한 인식과 무관하지 않았다.

봉사 활동으로 계몽운동론을 심화하다

루씨여학교를 졸업할 무렵 최용신은 간호사가 될 생각도 품었지

만, 오빠의 반대로 새로운 길을 모색해야 했다. 결국 교목인 전희균의 권유로 서울에 있는 협성여자신학교에 진학한다. 약혼자인 김학준은 일본 유학길에 올랐다. 서로 뜻을 성취할 때까지 최선을 다하자고 굳게 약속하고 스스로 다짐했다. 비록 지금은 서로 가고 있는 방향은 다르나 훗날 동반자로서 함께할 수 있다는 희망은 스스로를 위안하는 요소 중 하나였다. 서울과 일본이라는 공간적인 거리감은 전혀 문제가 되지 않았다. 오히려 새로움에 대한 호기심으로 가슴이 떨리는 벅찬 순간이었다.

1905년 6월 미국 북감리교회 한국선교부가 미감리회신학당(美監理會神學堂)을 설립했다. 수업 연한을 3년으로 하고 한문성경, 성경상식 등 입학시험을 실시하였으며, 교과목은 신학개론, 조직신학, 설교학, 윤리학 등이었다. 2년 뒤인 1907년 6월 미국 남감리교회와 협의해 협성신학교(協成神學校)로 교명을 변경하고 초대 교장에 존스(G. H. Jones, 한국명 조원시)가 취임했다.

교회 건물을 빌려서 교육하다가 1910년 1월 서울특별시 서대문구 냉천동 현재의 위치에 교사를 마련하고 이전했다. 1923년 영문과를 신설했지만 3년 뒤 4명의 졸업생을 배출하고 폐지했다. 1929년 4월 입학 자격을 고등보통학교 5년제 졸업생으로 규정하고 수업 연한도 3년에서 4년으로 연장했다.

같은 해에 남녀 공학을 시험적으로 실시해 그 결과가 좋았다. 1920년 설립된 협성여자신학교와 1932년 4월 통합해 교명을 감리교회신학교(監理教會神學校)로 변경하고 교수진도 대폭 강화했다.[5] 1935년 4월 수업 연한을 5년으로 연장하면서 교과목도 신학 외에 사회과학,

교육학, 철학, 심리학, 논리학 등을 필수로 넣었다.

1940년 10월 친미 분자, 자유주의자, 민주주의 신봉자 등의 명분으로 일제 당국이 무기한 휴교 조치를 내림에 따라 1941년 6월 일본식의 신학교로 개편해 재개교했다. 1942년에는 경성기독교사연성소(京城基督教師鍊成所)로 격하되는 시련을 겪었다. 광복과 더불어 학교의 재건이 시작되어 1946년 1월 재개교하고, 변홍규가 교장으로 취임했다.

입학한 이듬해 협성여자신학교는 남녀 공학으로 변경되었다. 남학생 15명과 여학생 5명은 동료로서 학업과 신앙생활에 몰두했다. 특히 교수인 황에스터는 학생들에게 농촌계몽운동의 중요성과 실천성을 강조했다. 황에스터는 학문적인 이론은 물론이고 직접적인 현장 체험을 적극적으로 권장했다. 기독교 복음화를 위한 실천적인 인물 양성은 학교의 교육 방침이자, 한국YWCA 활동과 부합하는 가장 중요한 현안 중 하나였다. 학생들은 이와 같은 분위기에 호응하는 등 열성적이었다.

최용신은 1929년 여름 방학을 이용해 황해도 수안군 천곡면 용현리로 첫 농촌 실습에 나섰다. 동료인 김노득 등과 함께한 현장 실습은 처음에 주민들로부터 별다른 호응을 받지 못했다. 오히려 푸대접 속에 극히 일부 주민만이 호응하는 냉랭한 분위기였다. 실패한 경험은 향후 농촌계몽운동을 설계하는 소중한 자산이 되었다.[6] 단기적인 활동은 성과를 거둘 수 없다는 생각이 들었다. 중장기적인 관점에서 직접 농촌에 들어가야 한다는 평범한 사실을 절감했다. 농촌 사회 전체를 각성시킬 수 있는 무엇이 요구되었다. 비록 그것이 구체적으로는 뚜렷하게 떠오르지 않았으나 새로운 관점에서 계몽 활동을 위한 방향 전환이 필요함을 충분하게 감지하는 계기였다.

반면 김노득은 학업을 중단한 채 그곳으로 달려갔다. 맹렬한 활동에도 빈정거림은 여전했다. 정신적, 육체적 고통이 수반되는 힘든 나날에도 위축되지 않았다. 오히려 적극적이고 열성적인 활동으로 일관하면서 주민들 의식을 변화시키려 노력했다. 전도 사업의 전진 기지로서 용현교회와 이목동교회를 설립하는 동시에 성광학교를 세웠다. 무산 아동과 부녀자 등 문맹 퇴치를 위한 야학도 병행했다. 농가 부업 향상을 위한 농업 기술 보급에 정성을 쏟았다.[7] 점차 분위기가 일신되는 가운데 소통이 확대되었다. 그 결과 열정적인 활동에 공감하는 주민들에게 여걸로서 신망을 받는 인물이 되었다.

1935년 《감리회보》는 김노득의 활동에 관해 이렇게 전한다. "경성 기독교조선감리회 신학교에 학적을 둔 김노득 양은 사리원 지방 수안 구역 내 용현교회에서 낮에는 80명의 무산 아동을 모아서 문맹 퇴치에 열중하고, 밤에는 주님의 복음을 전하기 위해 20~30리를 도보로 다니면서 전도하고 있다. 캄캄한 밤에 등도 없이 다니다가 광야와 산간에서 실로(失路)를 하고 방황하기를 한두 번이 아니다. 매일 밤 새로 2시경까지 복음을 전하는 것으로 일과를 삼는다. 하루에 평균 네 시간 이상을 자 본 적이 없을 정도로 열성적이다. 이곳에는 주의 복음의 빛과 교육이 날로 보급되어 관민 간에 찬송하기를 마지아니한다더라." 소통과 교류 확대는 주민들로 하여금 현실 인식 심화와 함께 잘 살아 보려는 의욕으로 뭉치게 하는 계기였다. 자신이 추구한 성과를 거두자 복학해 입학한 지 10년 만인 1938년 신학교를 졸업했다.

이어 고베 신학교로 유학해 사회사업학을 전공하고 3년 만에 귀국해
다시 황해도 수안으로 되돌아갔다. 이듬해에는 신학교 동료들과 브
나로드운동에 참가했다. 언론사는 농촌계몽운동의 일환으로 이를 추
진했다. 여름 방학을 이용해 적극적으로 참여하는 분위기였다. 성공
적인 미담 사례를 지속적으로 보도하는 등 지원과 찬사를 아끼지 않
았다. 그러나 만주사변 등 일제의 대륙 침략전쟁이 본격화되는 1930
년대 중반 이후 좌절되고 말았다.

　　1931년 8월 최용신은 강원도 통천군 포항리 옥마동 옥명학원에
서 계몽 활동을 병행했다.[8] 현지 활동은 최용신에게 많은 갈등과 자책
감을 불러일으켰다. 가난과 무지가 만연한 피폐한 생활상은 그녀로
하여금 신학 공부에만 매달릴 수 없도록 만들었다. 돌아올 때에는 시
가 100원에 달하는 풍금을 기증했다. 학생들의 정서를 함양하려는 의
도였다.

　　더욱이 학교 운영을 둘러싸고 교장 케이블과 대립하는 일이 생
겼다. 교장은 학생회 자치 활동을 축소하는 등 심하게 간섭을 일삼았

다. 한민족은 주체성이 결여되어 있으며 자주 의식이 부족하다는 망언을 서슴지 않았다. 그러던 중 우연한 사건으로 학생들의 불만이 폭발하고 말았다. 흥분한 학생들은 교장의 사과와 사퇴를 요구했고[9] 최용신은 주모자로 몰려 중징계를 받았다. 독실한 신앙인으로서 학업 중에 이른 연유는 이러한 사정과 무관하지 않다. 이에 기독교 복음화를 위한 농촌계몽가로서 첫발을 내딛게 되었다.

덕원 지역 민족교육을 일으키다

계몽운동을 선도한 할아버지

최용신의 민족의식에 영향을 끼친 가족으로는 할아버지 최효준을 비롯해 큰아버지 최중희, 아버지 최창희, 고모 최직순, 삼촌 최만희 등이 대표적인 인물이다. 언니 용순, 큰오빠 시풍, 작은오빠 시항 등도 있다. 일찍이 선진 문물을 받아들이는 분위기는 그의 현실 인식을 심화시키는 요인으로 크게 작용했다.

할아버지 최효준은 1899년에 사립학교(이후 취성학교로 바뀜)를 설립했다. 덕원공립보통학교 학무위원으로도 활동했다. 취성학교는 창립 30주년을 맞아 덕명학교(德明學校)와 통합해 명성학교(明星學校)로 새롭게 출발했다. 당시 상황은 《중외일보》 기사를 통해 어느 정도 엿볼 수 있다.

원산 시외 두남리 취성학교는 30년 전에 설립되어 다수한 인재를 배양했다. 이 학교는 윤치호 씨가 원산감리로 재직할 때에 설립된 터로 그동안 갖은 풍상을 다 겪으면서 30년을 경영하여 오다가 근자에 부근 덕명학교와 합병 경영하기로 합의가 되어 실현된 오늘에 와서 거(去) 4일 오전 10시부터 설립 30주년 기념식을 좌와 여히 성대히 거행했다더라.[1]

이날 기념식에서 설립자인 최효준은 개회사, 학감 최주국은 연혁 보고, 임창훈은 공로자 약력 보고 등을 했다. 내빈 중 최길호, 이홍준, 안치선 등은 축사로 발전을 기원했다. 공로자는 윤석묵, 김욱환, 최명준, 최효준, 최중희, 최창희, 김창로, 서순건, 김윤구 등이었다. 최 씨 삼부자는 학교 발전에 지대한 공로자로 인정받을 만큼 지역사회를 대표하는 활동가였다.

한편 덕원공립보통학교 학무위원으로 임명된 사람은 최효준, 최중희, 김시환, 윤병국, 서순옥, 최주현, 윤긍호였다. 학무위원은 교재 선정과 학교 운영의 전반에 관한 사항을 결정하는 자문 기구였다. 이들은 관내 학령아동 부모들에게 공립학교 입학을 권유하는 활동도 전개했다. 신교육 시행과 확산을 위한 활동도 병행하는 등 남다른 노력을 기울였다. 당시 지역별로 일종의 의무교육이 이러한 분위기 속에서 추진되고 있었다. 1900년에는 최용환, 김진도 등과 사립병원 설립 계획을 주도하는 등 주민들의 건강 증진에 관심을 나타냈다. 선교 사업 중 의료 활동은 직접적인 계기였다. 시세 변화에 부응하려는 노력 아래 자제 교육에 혼신을 다하는 인물로서 자리매김했다. 이러한 사실은 다음 기사를 통해 엿볼 수 있다. "원산부 현면 두남리 7통 7호 최효준 씨는 자제의 교육과 지방 산업의 개발 등에 진력하는 사람으로 금회 경성관광단을 조직 중 이미 십수 명의 가맹자가 유하다더라."

이처럼 최효준은 자제 교육과 지역사회의 산업 개발을 위해 '경성관광단'을 조직하는 등 외부 세계와 소통의 노력을 아끼지 않았다. 또한 서북학회 회원으로 활동하는 등 민지 계발을 위한 교육 활동에 적극적이었다. 주지하듯이 서북학회는 대한제국기 북한 지역의 근대 교육과 계몽 운동을 주도하는 중심 단체였다. 당시 의무교육의 일환으로 설립된 100여 개교에 달하는 협성학교지교는 이를 방증한다. 그의 교육 활동과 계몽 활동은 자식들에게 커다란 영향을 미쳤다.

계몽 활동가 큰아버지

최용신의 큰아버지 최중희는 덕원공립소학교 부교원으로 임명되었다. 1899년 설립된 이 학교는 현지 공교육 기관으로 발전하고 있었다. 그는 1902년 부교원으로 임명된 이래 덕원 지역의 신교육 시행에 적극적이었다. 1906년에 부교원에서 해임되고 대신에 동생인 최창희가 부교원으로 임명되기에 이르렀다. 이후 대한협회 덕원 지회 임원으로 활동하는 등 계속 운동에 종사했다. 지회원은 서북학회 회원들과 더불어 이곳의 신교육 보급과 민지 계발에 앞장섰다.[2] 1909년 5월에는 부친과 함께 덕원공립소학교 학무위원으로 임명된 이래 1911년 5월에도 다시 임명되었다. 이처럼 큰아버지도 덕원 지역을 대표하는 교육가이자 계몽가로서 자자한 명성을 얻었다.

아버지 최창희는 1903년 5월에 덕원공립소학교를 우등으로 졸업했다. 1906년 4월 형 최중희의 뒤를 이어 모교인 덕원공립소학교 부교원으로 임명되었다. 재직 기간 중 도쿄 유학생들의 단지동맹에 대해 동료 한동석과 의연금을 기부하는 등 이들의 향학열에 부응했다. 덕원, 원산 지역에서 의연금 모금에 동참한 주요 인물은 다음과 같다.

> 원산항공립보통학교 교원 홍재명 1환, 덕원부공립보통학교 교원 한동석·동 부교원 최창희·진사 남갑원 이상 1원씩, 본항 상회소 부회장 사태균 2원, 최자경 2원, 김기석·김학현·황칠종·이봉록·최득천·임순철·구여대·김정순·배인형·이조훈·박사익·장수일·김군오·박문추·이명원·이명보 이상 1원, 백악문·김양순 이상 50전, 공립보통학교생도 최학인 30전, 차병두·윤홍기 이상 10전.[3]

이러한 활동은 재학생들로 하여금 신교육의 중요성을 절감케 하는 교육 현장이었다. 학생들의 동참은 사회적인 문제에 대한 인식을 심화시키는 계기이자 향학열을 크게 고취하는 요인이었다.

3·1운동 이후 문화계몽운동 확산으로 향학열은 대한제국기 이래 다시 고조되는 분위기였다. 신학기마다 입학난이 주요한 사회 문제로 부각되었다. 각지에 조직된 청년 단체나 계몽 단체는 이를 해결하기 위한 활동에 전력을 기울였다. 교육열에 부응해 최창희도 학생들의 정정당당한 경쟁심을 배양하는 동시에 상무 정신 고취를 위한 운동회를 개최했다.

덕원군 현면 두남리에 위치를 정하고 연와(煉瓦) 대건축인 사립취성
학교에서는 거(去) 5월 5일 춘풍이 훈훈한 가일(佳日)을 복(卜)해 본교
에서 상거(相距) 약 3리 되는 성북리 상평 신축 운동장에서 대운동을
거행했다. 당일 내빈은 남북의 송림 사이로 연건부절(連褿不絶)해 무
려 500명인 성황리에 흥미진진한 음악대의 행진곡은 파(頗)히 만장의
갈채를 득했다. 회장 최창희 씨의 간단한 운동사가 있은 후 순서를 따
라 백의의 운동복을 착(着)한 학생 등이 웅장한 태도로 상호 상응하며
활발히 동작하는 그 기상은 참관자 일반으로 하여금 막불칭탄(莫不稱
歎)하는 등 본교 운동회로는 미증유의 성황을 정(呈)했다더라.[4]

성북리 상평 새로 건설된 운동장에서 개최된 운동회는 학생들
뿐 아니라 주민들이 총동원된 지역 축제였다. 학생들의 정연한 움직
임과 활동은 주민들에게 신교육의 필요성을 절감시키기에 충분했다.
나아가 사회 여론을 조성하는 공론장으로 활용되는 등 변화를 추동
하는 역할을 마다하지 않았다.

가족들의 교육 활동은 최용신이 현실 문제에 관심을 기울이는 주요
한 계기였다. 이와 더불어 교목인 전희균은 신앙생활과 활기찬 학교생
활을 견인해 주는 스승이었다. 루씨여학교는 1925년 3월 루씨여자고등
보통학교로 승격되면서 신축 교사가 북한 지역을 대표하는 웅장한 건축
물 중 하나로 자리매김했다. 최용신은 재학 중 이타적인 삶을 꿈꾸는 미
래 설계를 구상하는 데 많은 도움을 얻었다. 최용신이 절대적으로 존경
하는 인물이 전희균이었다. 협성여자신학교 입학을 권유하는 등 참된
신앙인으로 거듭 태어나게 만든 장본인이라고 해도 과언이 아니다.

원산 지역의 민족운동

1920년 8월에 미국 의원단의 동아시아 순방을 계기로 이른바 제2의 만세시위운동이 계획, 추진되었다. 대한민국임시정부는 다양한 외교 활동을 통해 야만적인 일제 침략상을 고발하려는 노력을 기울였다. 안창호는 7월 말 홍콩에 주재한 미국 총영사관을 방문했다. 그런데 영사 일행은 홍콩을 방문하지 않고 8월 5일 곧바로 상하이에 도착했다. 안창호는 일행이 이삼일간 한국에 머물 예정임을 파악한 후 이번 기회에 국내에서 대대적인 시위운동이 필요하다는 의견을 임시정부에 보냈다. 여운형, 여운홍, 정인과 등 공작위원으로 선정된 이들은 태평양협회가 주최한 미국의원단 환영회에 참석해 독립청원서를 전달했다. 또한 국내에도 요원을 파견해 이러한 정보를 제공하는 등 만반의 준비에 박차를 가했다.

《동아일보》등을 통해 이러한 소식을 접한 원산 지역 활동가들은 서울과 연계해 제2의 원산독립운동을 도모했다. 중심 단체는 원산청년회와 일심단(一心團)이었다.[1] 하지만 미국 의원단 입국에 즈음한 만세시위운동은 예비 검속과 일제 탄압으로 무산되었다. 미국의원단이 돌아간 지 거의 한 달이 경과한 9월 23일(음력 8월 12일)에야 시작될 수 있었다. 남산교 부근에서 시작되어 삽시간에 확산되는 등 시위군중은 600여 명으로 증가했다. 만세시위를 주도면밀하게 계획한 인물은 동아일보사 원산 지국 김상익과 김장석, 이용훤, 이봉운, 김병륜 등이었다. 최용신의 아버지 최창희도 이 사건에 연루, 체포되었으나 증거 불충분으로 면소 방면되었다. 그는 시위운동에 필요한 인쇄물 제작을 위해 취성학교 등사기를 제공하는 등 격문을 만드는 데 도움을 주었다.

피고 최창희는 대정 9년 8월 22일 저녁 살고 있는 동네 취성학교 교실에서 김장석이 전시(前示) 제일 기재의 불온 문서를 인쇄하는 것을 알면서 동교 비부(備付)의 등사용 기구 일체를 동인(同人)에게 대여하고 또 해(該) 등사의 현장에서 그 인쇄를 조(助)하여서 동인의 인쇄 범행을 봉조(幇助)한 지(旨)의 공소 사실, 피고 주성극이 동월 23일 저녁 김상익으로부터 전게(前揭) 불온 문서의 배부 방법의 의뢰를 받아 그 정황을 알면서 약 20~30매를 받아 같은 날 저녁에 이를 원산부 영정 석우동 부근의 선인상점(鮮人商店)에 배부하여서 우(右) 각인(各人)을 선동한 지(旨)의 공소 사실 (……) 고로 형사소송법 제165조 제1에 의해 동 피고 등 15명에 대하여는 각 면소 또는 방면의 언도를 할 것이다.[2]

김장석은 그의 도움을 받아 격문을 무사히 제작해 동지들을 통해 원산 일대에 배포할 수 있었다. 최창희는 취성학교 교장으로 재직 중 박형석, 강순지, 김형준, 박승형, 박문병 등과 더불어 덕원청년동맹 조직에 노력했다. 수개월 동안의 노력으로 1926년 발기 총회를 개최할 수 있었다. 발기 총회 당시 사회를 맡았으며 총무로 선임되었다.

덕원청년동맹발기총회는 예정과 같이 지난 3일 하오 1시부터 원산 시외 두남리 취성학교 내에서 최창희 씨 사회로 개(開)하고 동맹 발기에 대한 취지 설명과 발기 이래의 경과 보고가 유한 후 창립위원 5인을 선정해 규약 기초 등을 일임하고 모든 사정상 동맹창립총회를 즉석에서 계속 개회하기로 만장일치의 결의가 됨을 따라 창립위원의 기초한 규약을 통과하고 집행위원 12인을 좌와 같이 선정하였으며 선언 강령은 집행위원회에 일임한 후 회관 건축 및 유지 방침과 사업 진행에 대해 원만히 토의하고 덕원청년동맹 만세 삼창으로 무사 폐회했다고.[3]

목적은 청년운동의 조직적인 활성화를 도모하는 동시에 회원 정서 함양에 있었다. 그는 최길호, 원기덕, 김형준, 박승형, 박형석, 강기덕, 정길원, 박문병, 김주연, 김덕호, 송병식과 더불어 집행위원으로 선출되었다. 이 단체는 학생웅변대회와 덕원 출신 유학생 초대연을 개최하는 등 향학열을 고취했다. 농촌 문화 향상을 위한 순회강연도 실시해서 주목을 받았다. "청년의 신체적 훈련과 시대적 교양으로서 인격 완성을 기함"을 강령으로 내건 두호구락부에도 참여했다. 이때

아들이 함께 참여할 정도로 상당히 개방적인 입장이었다.

1927년 2월 민족협동전선인 신간회가 조직되었다. 각지에 청년 단체를 중심으로 지회가 설립되는 계기였다. 덕원지회도 덕원청년동 맹과 두호구락부 등 군내 사회단체를 통합하는 가운데 조직되기에 이르렀다. 창립총회는 순탄하게 진행되지 않았다. 원산경찰서는 발기 회 장소에 형사를 파견하여 집회를 불허하는 등 방해를 일삼았다. "함 남 덕원군에서는 유지 여러 사람의 발기로써 신간회 덕원 지회를 지 난 23일 상오 10시에 덕원청년동맹회관에서 설립코자 하였던바 당일 정각이 되어 회원이 다수 출석해 개회를 할 즈음 원산경찰서에서는 형사를 보내어 돌연히 집회를 금지하므로 이에 분개한 회원들은 참석 한 형사에게 그 무리를 힐문하였으나 그는 자기들의 책임이 아니요 상관의 명령이라 하므로 부득이 경찰서에 교섭 위원 2인을 보내어 교 섭하게 하였던바 경찰서에서는 집회를 허락하지 아니하므로 부득이 11월 20일로 연기했다더라."[4] 여러 차례 교섭 위원을 파견해 창립 대 회를 개최할 수 있었다.

> 함남 덕원군에서는 신간회 덕원지회를 지난 10월 13일에 설립하려 다가 당국의 무리한 금지로 인해 대회를 연기했다 함은 이미 보도한 바이어니와 동 설립대회를 지난 20일 하오 1시에 조선청년총동맹 회관에서 회원 50여 명이 참석한 중에 준비위원 강기덕 씨의 사회로 개하고 박조산 씨의 의미심장한 취지 설명이 있은 후 임시집행부로 강기덕, 정길봉, 강현지, 유삼봉의 4씨를 선거하고 경과보고, 축문과 축전 낭독과 위원 선거 등 기타 제반 사항을 원만 결의하고 동 4시에

무사 폐회했다더라.[5]

    당일 선출된 임원은 다음과 같다. 회장 박형석, 부회장 최창희, 서무부 송병식·김원린·강현지, 정치문화부 강기덕·김일해·강현귀, 조직부 조흠석·김종국·박조산, 선전부 전창호·강제은·박승범, 재무부 홍인표·박영환·김주연, 조사연구부 유삼봉·강기남·최창문 등이었다. 회원들은 계몽운동과 대중운동을 견인하는 데 전력을 기울였다. 이처럼 최용신의 아버지는 덕원 지역 문화계몽운동과 대중운동을 주도하는 주요 활동가로 활약하고 있었다.

흥농회가 조직되다

    1921년에는 농사에 관한 연구 조사와 농업 증진 발전을 도모하고자 흥농회를 조직하는 데 앞장섰다. 취지서 내용은 다음과 같다.

우리의 할 일이 너무도 많으니 그 하(何)를 선(先)히 하며 하(何)를 후(後)로 하리오마는 우리 사회에 가장 급한 것으로부터 먼저 하여야 하리라 하노니. 우리 반도의 주되는 산업이요 또한 우리 민중 최대 다수자의 생업인 농사 문제의 해결은 그 가장 급한 자의 일임이 사실이로다.
대개 개인이나 민족을 물론하고 의의 있는 생존을 향유하려면 먼저 생활의 충실을 도모하여야 할 것이오. 생활의 충실을 도모하려면 반드시 산업의 진흥을 기도하여야 하리라 하노니. 이 생활 문제의 해결책으로 반도의 주되는 산업인 농사 문제를 1일이라도 홀제(忽諸)에 부(付)치 못할 소이오.

어떠한 사회를 물론하고 진보를 수개(數箇) 영리자(伶悧者)의 수완에만 촉(囑)함은 벌써 옛날의 일이로다. 자유롭고 광명 있는 발달을 따르려면 반드시 다수 민중의 계명(啓明)을 기대하여야 하리라 하노니, 우리 민중의 최대 다수를 용유(容有)한 농촌 문제의 해결은 곧 문화운동(현하 조선의 사회 문제…… 노동 문제…… 는 농촌 문제를 떠나서는 이를 논의할 실제적 가치가 전혀 없다.)의 해결책으로도 가히 경각(輕却)할 수 없는 바이라 하노라.

요컨대 이 문제의 가장 급하고 중요함은 명확한 사실이니 이에 또다시 첩첩(喋喋)할 필요가 어찌 있으리오. 우리는 이에 감(鑑)함이 있어 좌기 규정과 같이 흥농회를 발기하노라. 여러 동지는 행(幸)히 찬동하심을 바라노라.[6]

농업 국가인 한국에서 농업 기술 발달과 농업 전반에 관한 조사, 연구는 한국의 경제적인 향상을 위한 지름길이다. 흥농회는 이러한 목적을 달성하려는 의도로 조직되었다. "의의 있는 생존을 향유하려면 먼저 생활의 충실을 도모하여야 할 것이요, 생활의 충실을 도모하려면 반드시 산업의 진흥을 기하여야 하리라 하노니, 이 생활 문제의 해결책으로 반도의 주되는 산업인 농사 문제를 하루라도 모든 것에 소홀하지 않을 까닭이오."라는 구절은 이를 방증한다.

주요 실천 사항은 "① 농사(농정 농촌 문제 급(及) 기술)에 관한 연구 및 조사를 행할 일, ② 농사에 관한 특종 사항(特種事項)에 대해 전문가에게 연구 또는 조사를 부탁할 일, ③ 농사에 관한 연구 및 조사를 원조할 일, ④ 농사에 관한 학술 강연 또는 순회 강화 및 강습회를 개최하며 잡지를 발행할 일, ⑤ 농사에 관한 내외 도서 및 자료를 수집하여 연구자의 편의를 도모할 일" 등이었다. 물론 원대한 계획이 순조롭게 진행되지 않은 것으로 짐작된다. 이와 관련된 신문이나 잡지 등에 거의 언급되지 않은 사실에서 추측할 수 있기 때문이다.

더욱이 큰오빠 최시풍은 1920년대 후반 일본으로 건너갔고, 1932년 고베에서 조선인소비조합 임원으로 활동하는 등 재일한국인의 지위와 복지 향상을 위해 노력했다. 1934년 최용신이 고베로 유학한 이유도 이러한 상황과 무관하지 않았으리라 짐작된다. 큰오빠의 한인 사회 권익 옹호를 위한 활동은 신선한 자극제였다. 이는 유학 중 발병으로 귀국해 다시 샘골에 되돌아와 혼신을 다하는 용기로 이어졌다.

최용신에게 영향을 미친 사람들

최용신은 고등여학교 시절부터 농촌 문제에 남다른 관심을 보였다. 사회 활동에 적극적인 집안 분위기는 자연스럽게 현실 문제에 대한 관심으로 이어졌다. 두호구락부 주최 유학생 토론회 참가는 실천에 앞선 자기 검증 과정이었다. 김학준과 만남은 미래에 대한 꿈을 키우는 신나는 학창 생활로 이어졌다. 원대한 이상은 고등여학교 시절에 이미 준비되고 있었다. 두호소년회나 두호구락부 등에서 가족들의 활동은 농촌 문제나 청소년 교육 문제에 더욱 관심을 기울이는 동기였다.

원산부 두호구락부에서는 1일 '소년 데이'를 기념하기 위해 수백여 명 소년 소녀가 시위 행렬을 실시한 후 오후 8시에 두남리예배당에서 동화회를 개최하고 독창 동화 등이 있었다.[7]

교육열 고조에 따른 입학난 문제나 농촌 여성들의 생활 향상을 위한 여러 문제는 결국 교육 활동과 계몽 활동 등을 통해 해결해야 할 현안으로 인식되기에 이르렀다. 특히 두남주일학교 활동은 현실 인식에 많은 영향을 미쳤다.

두 살 연상의 고모 최직순은 루씨여학교 선배였다. 1925년 3월

일제강점기
교과서류

에 루씨여학교 고등과를 제1회 우등으로 졸업했다. 이화여전을 졸업한 후 이화여고 교사로 재직했다. 최용신이 협성여자신학교에 입학한 후에는 한국YWCA에서 같이 활동했다. 고모는 최용신의 학창 생활과 사회 활동을 이끌어 주는 한편 훌륭한 조언자이자 든든한 후원자였다. 이화여고 재직 당시에는 학생 맹휴, 독서회 지도 등 학생들에게 올바른 민족의식을 심어 주었다. 조선공산당 재건운동에도 참여해 많은 고초를 겪었고, 이후 미국으로 유학해 신학을 전공하는 등 세계사적 안목을 넓혔다. 귀국해 이화여전과 이화여대에서 교편을 잡았으며, 여성운동에 참여하는 등 근대 여성 교육에 지대한 족적을 남겼다.

김학준은 같은 마을에 사는 후배이자 동료로서 절친한 관계였다. 그는 농촌계몽 활동을 절대적으로 지지하는 동지에서 약혼자로 발전한 인물이었다. 이성적인 만남은 수많은 대화를 통해 일생을 함께하는 반려자 관계로 진전했다. 깊은 신뢰감은 그녀가 농촌계몽운동에 헌신할 수 있는 버팀목이었다. 약혼 이후 일본과 샘골이라는 공간적인 거리도 이들에게 결코 멀리 느껴지지 않았다. 무한한 믿음은 국경을 초월해 자기 존재성을 확인하는 계기였다. 샘골에서 최용신의 억척스럽고 열성적인 활동이나 일본에서 김학준의 향학열은 굳은 약속을 지키려는 의지와 무관하지 않았다.

최용신은 YWCA로부터 받은 월급 중 일부를 약혼자의 학비나 생활비로 보내 주었다. 김학준은 도쿄 호세이(法政) 대학 예과와 센슈(專修) 대학 경제과를 졸업했다. 1934년 3월 최용신이 일본 나고야로 유학하자 만나서 서로의 미래를 이야기했다. 여러 차례의 결혼 요청에도 최용신은 이를 단호히 거절했다. 보다 체계적인 농촌계몽운동을 위한 새로운 농촌운동론 모색에 장애가 된다는 이유였다. 얼마 후 각기병으로 학업을 중단한 채 최용신은 귀국했다. 그리고 고향에 가지 않고 샘골로 되돌아갔다는 소식을 듣는다.

전보로 최용신의 사망 소식을 들은 김학준은 귀국길에 올랐다. 1935년 1월 25일 장례식 당일 샘골에 도착했다. 잠시 기도하더니 관 뚜껑을 열어 시신을 끌어내 영혼결혼식이라도 올리려는 흥분된 모습을 보였다. 주위 사람들이 극구 만류해 겨우 진정시켰다. 그는 통곡하며 자신의 외투를 벗어 관을 덮었다. 분신과도 같은 약혼자에 대한 무관심을 만회하려는 몸부림이었다. 애잔한 모습은 장례식에 참석한 사람들에게 커다란 울림을 안겨 주었다. 외투는 최용신이 봉급의 일부에서 보내 준 돈으로 마련한 마지막 선물인 셈이었다.

김학준은 학업을 마친 후 귀국해 함흥의 영생여자고등보통학교에 재직했다. 1938년 인근에 사는 길금복과 결혼해 단란한 가정을 이루었다. 재직 중 조선어학회 사건으로 3년간 옥고를 치렀다. 이윤재를 비롯해 동지들이 감옥에서 사망하는 등 참혹한 감옥살이였다. 8·15해방 이후에는 문교부 편수관, 성균관대·동아대·조선대 교수로 재직했다. 1960년 광주 제일감리교회에 입교해 1964년 장로가 되었다. 1963년 샘골고등농민학원 이사장으로 취임한 이래 1970년까지 운영하다가 1975년 3월 11일 지병으로 사망했다. 주요 저서는 『상업 경제』, 『상업 정책』, 『상업 개론』, 『경영학 총론』, 『경제학 개론』 등이 있다. 옛 약혼자 곁에 묻어 달라는 뜻밖의 유언에 따라 상록수공원 내 최용신 묘소 옆에 나란히 묻혔다. 이생에서 이루지 못한 두 사람은 저

세상에서 아름다운 인연으로
다시 피어나고 있다.

전희균 교목

전희균은 충남 논산 태생
이다. 16세에 윌리엄 선교사
를 만나 기독교에 입문했다.
공주 영명보통학교와 배재학
당을 거쳐 감리교회 협성신학
교에 입학해 11년 만인 1925
년에 졸업했다. 졸업이 늦은
이유는 졸업반 때인 1919년
에 루씨여학교 교목으로 부임해 학업을 중단했기 때문이다. 그는 임
지에서 주일에 목회를 이끄는 한편 성경과 영어를 가르쳤다. 1942년
까지 약 23년을 재직하는 동안 성경 교사로서 제자들 삶의 이정표이
자 조언자이자 후원자였다. 실천하는 기독교인으로 이타적인 삶의
가치를 심어 주려는 노력을 아끼지 않았다. 특히 교목으로서 한글 보
급에 남다른 노력을 기울였다. 습자도 가르치면서 한글 교수과 성경
공부를 아우르기 위함이었다.[8] 한글로 성경을 번역해 읽고 찬송가를
부르게 하는 전희균의 교수법은 독특한 방안 중 하나였다. 중일전쟁
이후 한글은 한민족의 정체성을 일깨우는 결정적인 요인이었다.

전희균은 원산 중리교회 의법(懿法)청년회와 특별 대강연회를 개
최하는 등 기독교인의 사회적 역할을 강조했다. 특히 강연들 중 「구
사일생(九死一生)」은 대단한 호응을 받았다. 이후에도 원산 지역에 소
재한 교회와 연계한 계몽운동을 주도하는 지도자로서 부각되었다.

전희균 교목의 졸업 축사

또한 교회를 통한 민족 단합, 사회 개혁, 여성 인력 개발 등도 강조하는 실천적인 목회자였다. 그는 최용신에게 협성여자신학교 진학을 적극적으로 권유했다. 루씨여고보 교목으로 학생들의 정신적인 기둥이었다. 장녀 전진은 대한수도원 설립자인 전도사가 되었다. 전진은 루씨여고와 협성신학교 3년 선배로 최용신이 친언니처럼 따랐다. 회고록에는 참된 신앙인으로 최용신의 모습을 서술했다.

염석주는 일제강점기 수원 지역을 대표하는 사회활동가로 율전동에서 출생, 성장했다. 신간회 수원지회 부회장을 역임하고 막고지에서 정미업과 목축업을 한 재산가다. 수원 삼일학교에 매년 100원씩 기부할 만큼 교육 사업과 자선 사업에 남달리 적극적이었다. 중국 동북 흑룡강성 오상 충하진에 90만 평의 추공농장을 만들어 율전리 주민 100여 명을 이주시켰다. 샘골강습소 건립비 일부를 지원하는 등 든든한 후원자였다.[9]

① 그때 최 양의 이 사업에 많은 힘을 기울여 도와주신 분은 염석주 선생님이 있었다.

② 학원 이사들은 극력 활동해 자기들의 부족한 경비를 보충하도록

만들어 놓았다. 이사장인 염석주를 비롯해 전재풍과 김순봉 등 유지들 몇 사람의 노력이 컸다.

③ 그는 지주이며 수원 지부 신간회 부회장이요 사회주의자, 애국 운동가로서 후에 강습소 이사장이 되어 많은 도움을 주었다. 그리고 그 시대에 시골 한 처녀의 장례를 사회장으로 치르게 해 사회의 여론을 환기하는 하나의 민족운동을 계획한 인물이다.

염석주는 최용신의 장례식을 지역민을 통합하는 사회장으로 기획해 민족운동으로 승화시켰다. 최용신 사후에는 학원 이사장을 맡아 최용경과 함께 샘골강습소를 운영하는 데 남다른 노력을 기울였다. 전재풍 목사와 절친한 사이로 1944년 검거되어 동대문경찰서에서 18일간 취조를 받고 적십자병원에서 치료 중 사망했다. 최용신과 함께 샘골강습소를 운영, 유지하는 데 가장 노력을 기울인 공로자 중한 사람이다.

황에스터는 평안남도 평양 태생이며 유학자인 아버지 황석청의 딸로 태어났다. 이름은 애덕 또는 애시덕으로 에스터를 한글로 음차했다. 고향에서 한학을 배우다가 13세 때 평양 정진여학교(正進女學校) 3학년에 편입학했다. 1905년 정진여학교를 졸업한 후 서울로 올라와 이화학당(梨花學堂) 중등부에 입학해 1910년 졸업했다. 이화학당을 졸업하고 평양의 숭의여학교(崇義女學校) 교사로 근무했다.

강제 병합이 되자 황에스터는 학생들의 민족정신을 고취하는 한편 1913년 동료 교사 김경희, 교회 친구 안정석 등과 더불어 비밀 여학생 결사대인 송죽회(松竹會)를 조직했다. 그리고 애국 사상이 깊은 학생들을 엄선해 한글 교육과 국사 교육 등 정신 교육과 송죽회의 지부 설립 및 연락망을 지도하면서 동시에 군자금과 물자를 마련해 중국과 만주의 조선인 항일 독립 단체에 송금했다.

1918년에는 선교사 홀의 권유로 일본에 유학, 도쿄로 건너가 도쿄 여자의학전문학교에 입학했다. 이때 유학 중 김마리아, 나혜석, 현덕신, 송복신, 이은혜, 정자영 등과 함께 도쿄 여자유학생회를 조직했다. 목적은 일본 유학 중인 조선인 여자 유학생의 친목과 더불어 기독교 종교활동, 배일사상 고취, 애국심 고양 등이었다.

도쿄 여자의학전문학교 2학년 재학 중 황에스터는 2·8독립선언에 참여했다. 1919년 1월부터 그는 조선인 여학생들을 찾아다니며 독립 선언 참여를 촉구했다. 2월 6일의 도쿄 유학생회 총회 때까지 남녀는 만물의 두 개의 수레바퀴와 같으므로 독립운동에 여자들이 당연히 참여하여야 할 의무와 여자도 국민이고 백성이라는 점을 들어 구국 운동 동참을 적극적으로 역설했다.

2·8독립선언에 참가했다가 일본 경찰에 붙잡혔다 풀려났으며, 파리강화회의에 한국인 여성 대표의 참석을 보조하기 위해 몇 명 결사대원들과 국내에 잠입, 활약했으나 실패했다. 여성 대표로는 신마실라가 선정되었는데, 황에스터와 단원들은 그의 여비 마련을 위해 노파, 부랑자, 여성 잡부, 노숙자, 일본 여인 등으로 변장해 각자 고향과 지역 연고지를 찾아 모금을 했다. 그해 3월부터 3·1만세운동이 전국적으로 확산되자 국내에서 만세운동에 참여해 활동했다. 황에스터는 3월 19일 3·1만세운동 가담 혐의로 체포되었다가 5개월간 옥고를 치렀고, 1919년 9월에 가석방되었다.

독립운동가들 외에도 많은 기독교인이 투옥되자 황에스터는 풀려난 뒤 구명에 나섰다. 김마리아, 오현관, 오현주, 김순애, 이정숙 등과 함께 투옥, 재판 중인 이들 기독교계 독립운동가들과 그 가족을 도울 목적으로 대한애국부인회(회장 김마리아)에 참여해 총무직을 맡아 조직을 전국 규모로 확대했다. 이후 대한애국부인회와 대조선독립애국부인회가 통합된 대한민국애국부인회가 출범하자 총무부장이 되었다. 밀정의 제보로 애국부인회의 실상이 일본 경찰에게 탐지되어 상하이 임시정부 독립 자금 모금과 송달을 발각당했다. 대한민국애국부인회 사건으로 애국부인회 임원이 일제히 검거될 때 대구경찰서로 넘어갔다. 이어 대구지방법원에서 징역 3년형을 선고받고 복역했다. 가석방 후 이화학당 대학부에 3학년으로 다시 들어가 농민과 근로자 계몽에 참여했다. 이화여자전문학교의 교사가 되었으며, 이화여전 기숙사 사감을 겸임했다.

이후 황에스터는 미국으로 유학해 1928년 2월 뉴욕에서 김마리아, 유월길, 박인덕 등 미국 동부 지역 여자 유학생들과 함께 근화회(槿花會)를 조직해 활동했다. 같은 해 귀국 후에는 농촌계몽 사업과 여성 계몽 사업, 기독교 신앙 전도 사업에 참여했다.[10] 협성신학교에서 최용신과의 만남이 커다란 영향을 주어 농촌계몽운동에 적극적으로 참여하는 계기가 되었다.

한 번도 만난 적은 없으나 최용신은 '거리의 성자' 방애인(方愛仁, 1909~1933)의 삶에서 많은 교훈을 얻었다. 방애인은 결혼을 포기한 채 사회로부터 버림받은 고아, 정신병자, 문둥이 등 약자를 보살피면서 짧은 일생을 아름답게 살다 갔다. 황해도 황주에 사는 부자 방중일의 장녀로 출생했다. 집안 분위기는 일찍부터 기독교를 수용하는 등 시세 변화에 부응했다. 고향에서 사립양성학교에 입학하는 등 근대 교육을 받았다. 이어 평양 숭의여학교에 입학하였으나 학교 사정이 어려워지자 개성 호수돈여자고등보통학교로 전학했다. 평탄치 않은 조건에도 1926년 3월 최우등으로 졸업할 만큼 영민했다. 열여덟 살 꿈 많은 소녀는 같은 해 4월에 전주 기전여학교 교사로 부임해 전주와 깊은 인연을 맺었다. 재주가 많은 신여성으로서 방애인은 너무나 겸손하고 성실했다. 재직한 지 3년 만에 모교인 황주양성학교 교사로 전근할 수밖에 없었다.

서문교회 교인들 1000여 명은 눈물을 흘리며 아쉬운 작별을 했다. 재직 중 열성을 다한 가르침과 교회를 통한 헌신적인 봉사 활동은 교인은 물론 주민들에게 그녀를 전설적인 인물로 각인시켰다. 열렬한 송별을 대하고 방애인은 "전주에 와서 별로 한 일도 없는데 이렇듯 눈물로 아쉬워하니 두렵기 짝이 없다."라며 반드시 다시 돌아와 충심으로 봉사할 것을 결심했다.[11] 뜻대로 2년 뒤인 1931년 9월 기전여학교 교사로 돌아왔다. 스스로 다짐한 약속을 실천에 옮겼다.

다시 전주를 찾은 그는 2년 전과 크게 달라진 모습이었다. 황주에 머물던 1930년 1월 10일 일기에서 "나는 처음으로 신의 음성을 들었다. 눈과 같이 깨끗하라. 아아! 참 나의 기쁜 거룩한 생일."이라고 했다. 다음 날에는 "나는 어디로서인지 세 번 손뼉 치는 소리를 듣고, 혼자 신성회에 가다. 아아! 기쁨에 넘치는 걸음이다."라고 당시 심경을 진솔하게 언급했다. 성령을 체험한 후 방애인은 어렵고 힘든 사람들을 위해 헌신하고자 다짐했다. 실천을 위한 구체적인 계획을 마음

『방애인 소전』에 대한 감상을 실은 기사

으로 아로새겼다. 겉모습을 치장할 필요가 없을 만큼 마음이 부유해
지고 기쁨이 넘치는 역동적인 생활이었다. 부잣집 딸이자 신여성 처
녀로 단장했던 값진 의복이나 향수, 크림 등 화장품을 이제 사용하지
않았다. 한 벌의 옷으로 만족하는 수도자 같은 삶이었다. 자신에게 가
혹할 만큼 엄숙한 삶을 추구했다. 누구에 의한 강요가 아닌 스스로에
게 자신을 이야기하는 아름다운 여인이고자 노력했다.

1932년 여름에는 크나큰 수해가 발생했다. 삶의 터전을 잃어버
린 이재민들은 전주 다가공원에 몰려들었다. 아비규환 같은 현실을
직접 보면서 거리로 나섰다. 분노와 좌절은 그녀에게 사치스러운 용
어였다. 힘겹게 살아가는 이들에게 희망은 공염불처럼 보였다. 안타
까운 현장을 가만히 보고만 있을 수 없었다. 차가운 서리가 내리자 친
인척이나 다른 사람의 도움을 받아 하나둘씩 떠나갔다. 그럼에도 한
가족만은 이곳을 떠나지 못한 채 추위와 배고픔에 방치된 상황이었
다. 비참한 광경을 보고 자신의 필수품인 시계와 만년필을 팔아 셋방
을 얻어 주었다. 그런 부모조차 없이 거리에 방치된 아이들이 한둘이
아니었다. 이들을 위한 고아원을 짓기 위해 교회 청년들과 함께 시내

8000개 가정을 방문해 모은 돈으로 고아원을 열었다.[12] 기적은 상상을 초월하는 현실로 거듭나는 계기였다.

방학에도 고향 집에 돌아가지 않고 전주 교외 시골에 야학을 열어 글을 깨치지 못한 농촌 여자들에게 한글을 가르치던 방애인은 한밤중에 돌아오면서 눈보라 속에 떨고 있는 아이들을 찾아 들쳐 업고 오곤 했다. 아이의 머리를 깎고 검은 때가 덕지덕지 낀 아이를 목욕시켰다. 얇은 옷 단벌로 겨울을 나는 딸이 안타까워 어머니가 보낸 솜옷도 입어 보지 않은 채 모두 거리의 걸인들에게 나누어 주었다. 길거리에서 무뢰배들이 무섭게 싸울 때 어떤 사람도 그 앞에 나서지 못하자 두려움 없이 다가가 눈물과 온유한 목소리로 기도하고 어루만져 주었다. 그러면 뭔가에 홀린 듯 싸우던 이들이 웃으며 악수하곤 했다. 어느 날 방애인이 열병을 얻어 숨을 거두니 전주 시내는 눈물바다가 되었다. 그의 일거수일투족을 지켜보았던 배은희 목사는 『조선 성자 방애인』에서 이렇게 회고했다.

그녀는 세상을 비관하는 성자가 아니요, 세상을 낙관하는 성자였다. 그는 스승이 되려는 교만한 성자가 아니요, 형제의 발아래에 엎드려 겸손히 섬기는 성자였다. 그는 죄인에 대한 책망의 성자가 아니요, 죄인에 대한 눈물의 성자였다.

방애인은 죽을 때까지 아침을 전혀 먹지 않았다. 아버지의 잘못된 인생사를 반성하는 처절한 몸부림이었다. 반면 길거리에서 놀림받는 정신병자나 문둥이를 위해 뜨거운 눈물로 기도했다. 학생들에

게는 엄격한 가운데 진정으로 우러나는 정성을 기울이는 참된 어머
니와 같은 존재였다.

무지와 가난에 허덕이는 농촌

강제 병합 이후 식민지 한국은 상상을 초월할 만큼 빈궁한 상황
이었다. 거미줄처럼 촘촘한 압박은 창살 없는 감옥이나 마찬가지였
다. 농촌 현실은 농민들에게 무거운 압박이자 질곡이며 사투에 가까
운 처절한 어려움으로 다가왔다. 빈궁한 가운데 범죄와 자살률이 급
증했다. 더욱이 90퍼센트에 달하는 문맹률은 각종 식민지 법령 위반
등으로 새로운 족쇄나 다름없었다.[1] 가혹한 수탈에 따른 만성적인 식
량 부족, 빈발하는 자연재해 등으로 한국인 대부분은 초근목피로 겨
우 연명하는 처지에 내몰렸다. "한 끼라도 쌀밥과 고깃국을 배불리 먹
고 죽으면 여한이 없겠다."라는 표현은 그 실상을 적나라하게 드러낸
다.[2] 도시 주변이나 개항장 곳곳에 형성된 빈민촌인 토막촌(土幕村)은
이를 극명하게 보여 준다. 정든 고향을 떠나 만주, 연해주 등지로 향

하는 이주민 대열도 당시 빈곤에 허덕이는 실상으로 떠오른다.[3]

토지조사사업은 1910년 대한제국을 강점한 후 식민지 체제 수립을 위한 1차 작업으로 시행한 종합적인 식민정책이었다. 특히 일제가 이 사업을 서둘러 실시한 목적은 다음과 같이 정리할 수 있다.[4]

첫째는 일본 자본의 토지 점유에 적합한 토지 소유의 증명 제도를 확립하기 위함이었다. 대한제국기 토지는 사유권이 확립되어 상품으로서 매매되고 있었다. 등기 제도 등 사유권을 법제적으로 보장하는 증명 제도는 저들이 토지를 점유하기에 충분하지 않았다. 토지 사유권 외에도 농민층의 각종 권리가 토지에서 일본인의 토지 점유에 장애 요인이었다.

둘째는 지세 수입을 증대시켜 식민 통치를 위한 조세 수입 체제를 확립하기 위해서였다. 일제의 식민 통치를 위한 재정자금을 확보하기 위해 조세 수입 증대는 긴급한 현안이었다. 지세 수입이 조세 수입의 대종을 이루었다. 지세 수입 증대를 위해 은결(隱結)을 찾아내고 각 필지의 면적과 경계 등을 정확히 조사할 필요가 있었다. 조세 수입을 증대시키기 위한 세원 확보도 주요한 목적이었다.

셋째는 국유지를 창출해 조선총독부 소유로 재편하려는 일환이었다. 관청과 왕실이 수조권을 가지고 있던 역토(驛土)와 둔토(屯土) 등 각종 관전(官田)과 궁장토(宮庄土)를 조사, 정리해 무상으로 조선총독부 소유지를 창출하고 점유하기 위함이었다.[5] 조선총독부가 지주가 되어 지세와 소작료를 수취, 재정 수입을 보충하는 것이 궁극적인 의도나 마찬가지였다.

넷째는 한반도 내에 광범위하게 존재하던 미간지 점유였다. 일제는 약간의 투자만으로 경작지로 개간할 수 있는 미간지에 이미 주목했다. 토지조사사업을 통해 전국에 걸쳐 개간이 가능한 미간지의 면적, 위치, 지형, 지모를 정밀히 조사해 무단으로 점유했다. 점유된 토지는 장차 일본인 이민자들에게 불하하려는 의도였다.[6] 또한 개간 후에는 우리 농민에게 소작시켜 조세와 소작료 수입을 증대하려는 목적도 있었다.

다섯째는 일제 상업고리대자본의 토지 점유를 합법화하기 위해서였다. 개항 후에 상권을 독점한 일본인 상업자본은 생산물 거래에 만족하지 않고 생산 수단인 토지 소유에 혈안이었다. 이에 1910년까지 일본인 토지 점유자와 점유 면적은 상당한 정도로 급증했다.

여섯째는 강점 후 더욱 급증하는 일본인 이민자들에게 토지를 불하해 일본의 식민을 제도적으로 지원하는 것이었다. 일제는 토지조사사업을 통해 일부 민유지까지 국유지에 편입해 광대한 면적의 국유지, 곧 조선총독부 소유지를 강제 창출했다.[7] 이를 동양척식주식회사를 비롯한 각종 식민회사 등을 통해 일본 이민자들에게 저렴한 가격으로 불하했다.

마지막으로 식량과 원료, 특히 미곡의 일본 수출 증가를 위해 이를 지원할 수 있는 토지 제도 정비와 밀접한 관계 속에서 추진되었다. 일제는 공업화에 따르는 식량 부족을 예측하고 이를 식민지에서 공급하려는 의도였다.

토지조사사업은 토지에 긴박한 소작농을 토지 소유권과 경작권으로부터 완전히 배제했다. 일제 산업자본이 필요할 때에는 언제나 우리 소작농을 일본 공업을 위한 임금노동자로 전환시킬 수 있는 구조를 만들려는 목적에서였다. 일제의 토지 점유를 위한 본격적인 식민 정책은 1907년부터 토지를 국유지와 민유지로 나누고 국유지 점유 정책부터 집행되었다.

일본인의 민유지 점유는 식민 정책의 적극적 지원과 더불어 자본의 지출을 수반했다. 국유지 점유는 자본 지출을 수반하지 않고 식민 통치에 의거해 무상으로 방대한 면적의 토지를 점유했다. 식민정책의 본질은 바로 국유지 점유 정책에서 더욱 적나라하게 드러났다. 결국 토지조사사업으로 대다수 농민층은 토지 소유에서 배제되었다. 소작농을 대량 증가시켜 농촌 경제를 파탄으로 내몰았다.

만주사변을 전후해 악랄하고 체계적인 인적, 물적 약탈이 일상화되는 계기였다. 농가 부업과 근검저축 장려, 농업 기술 향상, 생활 환경 개선, 위생 생활 강조 등의 구호하에 시행된 농촌진흥운동은 식민지 사회의 물적 토대를 더욱 고착시켰다. 내선융화(內鮮融和)에 의한 내선일체론(內鮮一體論)을 위한 심전(心田) 개발도 이러한 의도에 따라 점차 강화되었다. 조선총독에 부임한 우가키 가즈시게(宇垣一成)는 '조선인의 자발적인 진정한 일본인화'를 강조했다. "조선인의 진정한 행복은 진정한 일본인이 됨과 아울러 장래에 공존 공영하는 것에 의해 달성될 수 있다. 지금 내가 내민 손에 악수를 청해 오고 확실히 상호 간의 따뜻함이 느껴지게 될 것이다."8라고 궤변마저 서슴지 않았다. 관청이나 관변 단체를 중심으로 한 농촌진흥운동의 출발을 알리는 신호탄이었다.

그의 내선일체론은 표현과 달리 일본인 우위에 의한 일방적인 종속을 의미한다. 이는 일제의 만주국 지배에 따른 전면적인 북방 정책 수정과 맞물려 있었다. 중일전쟁 이후 차별화된 동화주의에 입각한 민족말살정책은 잔인한 폭력성을 수반한 식민지배 정책이었다. 이를 기반으로 전시 파쇼 체제는 식민지 한국에서 치밀한 계획에 따라 엄혹하게 진행되었다. 당근과 채찍을 수반한 야만적인 폭력은 한국인에게 일상사로서 성큼성큼 다가왔다.[9] 부당한 지배에 대한 저항은 곧 죽음을 의미할 만큼 폭력적이고 발광적인 분위기나 마찬가지였다. 반면 비굴함에 가까운 순종과 복종은 사회적인 미덕으로 널리 칭송되었다. 영혼 없는 인간이 곧 제국 신민으로 상징처럼 포장되기에 이르렀다.

한편 3·1운동 이후 수원 지역 농민운동도 일본인 지주에 대한 소작쟁의를 통해 점차 활성화되는 계기를 맞았다. 수원군에서의 지주제 강화로 1910년대 소작농(자작 겸 소작 포함)이 전체 농가 호수의 90퍼센트를 넘었다. 이에 비례해 소작농 비율은 1914년 87.5퍼센트, 1915년 91.9퍼센트, 1916년 91.0퍼센트, 1917년 91.5퍼센트로 높게 나타났다.[10] 지주 중심 지배 구조는 1922년 12월의 조사에서 엿볼 수 있다. 경지 면적은 3만 4440정보로 군내 총면적 8만 8300정보의 39퍼센트를 차지했다. 이 가운데 논이 약 2만 664정보, 밭이 약 1만 3774정보였다. 자작지는 33퍼센트, 소작지는 67퍼센트였다. 농가 호수는 2만 2581호, 12만 3711명으로 수원군 총 호수의 83퍼센트를 차지한다. 이 중 소작농이 53퍼센트, 자작 겸 소작농이 37퍼센트, 지주가 4퍼센트, 자작농은 6퍼센트에 불과했다. 자작 겸 소작농의 처지가 소작농과 별반 다르지 않았기 때문에 실제 소작농의 비율은 90퍼센트에 이르렀다.[11]

1927년 여러 수리조합 조직 등 농업 기반 시설은 대대적인 확충이 이루어졌다. 수리 시설 확충, 시비법 개량, 농법 발달 등으로 농업 생산성은 크게 향상되는 계기를 맞았다. 하지만 미가 폭락은 실질 소득 감소로 이어지는 등 생존권을 크게 위협하는 요인이었다. 대다수 지주는 수리조합비를 포함한 비료대, 종자대, 곡물 운반비 등을 소작인에게 전가했다. 소작인들의 불만에 대응해 지주들은 자의로 소작료를 인상하거나 소작권을 자의대로 이동하는 등 위협을 서슴지 않았다.[12] 빈익빈 부익부라는 빈곤의 악순환 속에서 절망감은 확산을 거듭했다.

활동가들은 수진농민조합을 조직하는 등 소작권 옹호에 앞장섰다. 수진농민조합은 수원군과 진위군을 묶어 창립되었다. 농민조합운동의 경우에는 유일하게 두 군에 걸쳐 창립된 점이 특이하다. 황구지천을 경계로 마주하고 있는 황구지리와 용소리가 행정구역은 다르나 생활 권역에서 이해한다면 동일한 지역이었다.[13]

수진농민조합은 임인택, 김영상, 남상환 등이 조직한 공산주의 사상의 적색농민조합으로 1929년 3월 창립했다. 박승극, 이원섭, 장주문 등도 여기에 가담해 조직을 확대했다. 창립 이후 조합 활동이 부진하자 수진농민조합에 쟁의부를 두어 적극적으로 소작쟁의 지원에 나섰다.[14]

1930년 5월 정남면 제기리에 사는 김준식은 경성에 사는 지주 이모의 토지를 관리하면서 소작인들을 착취하고 소작권을 이동시켰다. 성호면 오산리에 살던 소작인 김응백 등 네 명이 소작권을 내놓지 못하겠다고 저항했다. 수진농민조합 쟁의부는 김기환과 이수경을 파견해 지주를 면담하고 이를 해결하는 데 앞장섰다.[15] 1930년 10월에는 서울에 사는 김 모와 이 모 지주가 풍년을 빌미로 무리한 소작료를 요구했다. 100여 명 소작농들은 수진농민조합 쟁의부의 지도로 무리한 소작료 요구를 거부했다. 양 지주는 과다한 소작료를 철회했고, 수진농민조합과 소작농들은 기존대로 소작료 납부를 관철시켰다.[16]

이처럼 소작쟁의는 생존권마저 위협에 직면한 처절한 생활상과 맞물려 일어났다. 곧 가난이 만성화된 당시 농촌의 실상이 고스란히 담겨 있었다. 샘골도 수원읍에서 멀리 떨어지지 않은 지역이나 다른 마을과 마찬가지로 활기를 잃어 가고 있었다.

수원역에서 수인선에 몸을 싣고 인천 쪽으로 50리쯤 달리면 일리(一里)라는 시골의 촌 정거장에 내릴 수 있다. 여기서 되돌아 가까운 5리쯤 걸으면 적은 언덕 아래 20호가 될락 말락 한, 가난이 흐르는 촌이 곧 문제의 샘골이다. 뒤 언덕에 올라서면 앞으로 바닷물이 드나드는 포구가 멀찍이 아니 보이며 주위에는 붉은 산이 눈에 띄우기도 하나 제법 울창한 솔밭도 곳곳에 있어 우리 눈을 즐겁게 한다. 근방에는 구룡동(九龍洞), 각동(角谷), 이동(梨洞), 오목동(梧木洞), 후곡(後谷) 등의 자그마한 마을들이 둘러 있다. 샘골은 아마 이 여러 마을 가운데에서도 제일 가난한 마을이 아닌가 한다.[17]

바닷가와 송림이 어우러진 자연환경은 목가적인 한 폭의 그림을 연상시킬 만큼 유유자적하다. 아늑하고 풍요로움이 묻어나는 분위기다. 수려하고 한가로운 외형과 달리 1930년대 가난에 찌든 전형적인 농촌 마을이 바로 이곳이었다. 반농반어(半農半漁)라는 사회 경제적인 환경은 전형적인 농촌보다 약간 여유로웠다.

산미증식계획에 따른 극대화된 수탈로 농촌 경제는 전면적으로 붕괴 일보 직전인 상황이었다. 궁민 구제를 위한 대대적인 토목 사업 시행 등은 이러한 상황을 그대로 보여 준다.[18] 이는 생산력 증대를 통한 보다 많은 수탈을 위한 임시방편일 뿐이었다.

'민둥산'과 대조를 이루는 거센 바닷바람은 황무지와 같은 쓸쓸함을 더한다. "해마다 거듭되는 봄바람이나 가을비에, 한결 깊은 가난 속에 아무런 변동도 없이 세월은 이 마을 위를 흘러갔다."라는 표현은 희망이 사라진 현실을 직설적으로 보여 준다. 1932년 경기도 내 춘궁 민호 비율은 52.5퍼센트에 달할 만큼 열악한 상황이었다.[19] 최용신이 찾아온 반월면 농가는 1400여 호에 달했다. 연간 소득 150원 이하인 절대 빈곤에 처한 농가가 910여 호였다. 당시 대부분 농촌 마을은 이러한 상황에 직면하고 있었다. 최용신 사후에 방문한 기자의 샘골 여정은 가난의 굴레에서 벗어나지 못한 척박한 정황과 무관하지 않았다.[20] 1920년대 후반 샘골강습소마저 폐쇄하기 직전에 봉착하는 등 활력을 크게 잃어버린 분위기였다.

절대 빈곤에 허덕이는 농촌을 되살리기 위한 농촌계몽운동은 다양한 영역에서 전개되었다. 야학, 강연회, 생활 개선, 근검저축 등을 통한 민족 역량 강화는 주요한 실천 사항이자 목표였다. 구호나 슬로건은 관변 주도에 의한 농촌진흥운동과 유사한 일면도 부분적으로 내포하고 있었다. 궁극적인 차이라면 한국인에 의한, 한국인을 위한 농촌 살리기라 할 수 있는 자발적인 농촌계몽운동이었다는 점이다.

수탈을 철저하게 은폐한 허구적인 관제 농촌운동과의 차이점은 바로 여기에서 찾을 수 있다.[21] 식민지 당국과 일정 부분 긴장 관계 속에서 추진될 수밖에 없었다. 중일전쟁 이후 전시 체제는 민족 말살 정책과 더불어 농촌계몽운동마저 배척하는 전쟁 분위기로 몰아갔다. 여기에 청장년층을 전쟁터로 내모는 광풍이 휘몰아쳤다.

샘골에 깃발을 올리다

1920년대 후반부터 시작된 본격적인 농촌계몽운동의 운영 주체는 언론 기관, 종교 단체, 중등 교육 기관 등이었다. 조선일보사 문자보급운동, 동아일보사 브나로드운동, 중등 교육 기관 학생들의 귀향 활동, 한국YMCA와 한국YWCA를 중심으로 전개된 농촌계몽운동을 대표적인 경우로 볼 수 있다. 수원 지역 사회문화운동은 수원청년동맹 등 청년 단체에 의해 이루어졌다. 초기 계몽운동을 주도하던 수원청년구락부, 수원엡윗청년회, 수원청년회, 양감청년회, 오산살청년동맹, 갑자단 등은 1929년을 전후해 수원청년동맹으로 통합되었다. 신간회 수원 지회원 대다수도 가담하는 등 수원 지역을 대표하는 명실상부한 단체였다. 이들은 조선일보사 문자보급운동에 동참한 수원학생친목회 회원이나 학생 개개인 활동에 대한 지원을 마다하지 않았다.[22] 관내 야학이나 강습소는 한글 보급을 위한 교육기관으로 변화를 거듭했다. 현지 활동가들도 직접 강습소를 설립하는 등 매우 적극적이었다.

**1930년대 샘골을
복기한 지도**

건아단(健兒團) 이념을 계승한 수원농림학교 학생들도 1920년대 후반 독서회를 조직했다. 1928년 수원고등농림학교 재학생인 우종휘, 김찬도, 권영선 등은 농촌 개발을 목적으로 설립되었던 계림흥농사(鷄林興農社)를 확대 개편해 항일독립운동의 중심 기관인 조선개척사(朝鮮開拓社)를 설립했다. 이 단체는 탄압을 피하기 위해 표면상 합법 단체를 가장한 항일비밀결사로, 국내외에서 활동하는 농학도들을 결속해 전국적으로 협동농장을 건설하고 농업 기술 향상, 농촌 문화 및 경제 향상을 통한 이상적인 농촌 건설을 표방했다. 우리 민족의 실력 향상을 꾀해 항일운동의 기반을 조성하며 학생들에게 항일 의식을 고취하고 조직을 강화해 일단 유사시에 봉기할 것을 결의했다.

이들은 상록수운동 일환으로 문맹 퇴치와 농가 소득 증대를 위한 다양한 교외 활동을 펼쳤다. 회원들은 최용신의 활동을 측면에서 후원하거나 재정적인 지원에 나섰다. 그런데 상호 간 교류나 지원은 지속적이지 못하고 간헐적으로 추진되었을 뿐이다. 이곳 사회단체나 수원농림학교 학생들과 조직적인 연계는 거의 없었다. 1920년대 후

반부터 1930년대 중반까지 학생운동의 전반적인 성격 변화는 이러한 상황으로 귀결되었다.[23]

최용신은 기독교계 농촌계몽운동의 일환으로 이에 동참했다. 집안 분위기는 일찍부터 최용신을 적극적인 신앙생활로 이끌어 주었다. 신앙은 자연스럽게 학창 시절로 이어지는 가운데 독실한 기독교인으로 성장할 수 있는 정신적인 지주이자 일상사였다. 학업, 신앙생활 침잠과 아울러 가난에 찌든 농촌을 되살리는 가장 빠른 길을 농촌의 계몽에서 찾았다.[24] 그는 과외 활동을 통해 농촌계몽이 식민 지배의 질곡에서 벗어나는 민족운동의 일환이라고 인식했다.

1931년 10월 10일 최용신은 경기도 수원군 반월면 천곡, 일명 샘골에 한국YWCA의 '농촌 지도원'으로 파견되었다. 1934년 봄까지 2년 6개월 동안과 1934년 9월부터 이듬해 1월 하순 사망하기 직전까지 본격적인 활동을 전개했다. 아동은 물론 청년, 부녀자에 대한 문맹 퇴치가 최우선 사업이었다. 농촌계몽운동 중 부녀자 등을 대상으로 한 문맹 퇴치에 중점을 둔 이유는 여러 요인에서 비롯되었다.[25] 가장 근본적인 원인은 90퍼센트 이상에 달하는 문맹률과 무관하지 않았다. 이는 일제강점기 민족해방운동의 진전을 가로막는 장애물이나 마찬가지였다.

"아는 것이 힘이다. 배워야 산다."라는 슬로건은 운동 주체 인식이나 지향점 등과 관련해 의미하는 바가 크다. 다만 "1929년 최용신이 천곡강습소를 설립했다."라는 보도는 사실이 아니다. 이는 문맹퇴치 차원에만 그치지 않고 분위기를 일신하기 위한 기초 작업일 뿐이었다. 생활 개선, 농가 부업 장려를 위한 부녀회와 청년회 조직 등

부단한 노력을 기울였다. 1932년 7월 21에는 서울에서 개최된 한국 YWCA 정기 대회에 참석해 현지 상황과 경험 등을 가감 없이 보고했다.[26] 참석자들은 그 헌신적인 활동에 성원을 아끼지 않았다. 이는 최용신이 중장기적인 농촌계몽운동을 설계하는 데 영향을 미쳤다.

주민들에게 희망의 불을 지피다

최용신은 협성신학교 재학 중에 학생 대표로 한국YWCA 7차 연합회에 참가했다. 이는 농촌계몽운동에 직접 투신하는 계기 중 하나였다. 신앙생활은 조선남녀학생기독교청년회 하령회 준비와 회장협의회 개최를 위한 회의 참가로 이어졌다. 회의는 1929년 3월 23일부터 25일까지 3일간 고양군 숭인면 민영찬, 구장회 별장에서 개최되었다. 참석자는 사회적인 명성이 자자한 윤치호, 신흥우, 김활란, 장리욱, 최현배, 조만식, 최직순 등 서른아홉 명에 달했다. 주요 의제는 조선기독교청년학생회 활성화 방안으로, 연설 제목은 '조선기독교의 진로', '기독교와 농민', '조선기독교청년학생의 태도와 사명', '조선기독교학생의 운동과 신앙과 사업' 등이었다. 회의에서 학생청년회 사업방침 7개조 결의안을 의결했다.[27] 특히 학교 구내와 농촌 봉사 활동은 주요한 의제로 향후 구체적인 행동 방침까지 채택되었다. 이는 최용신이 기독교 여성 활동가로서 성장하는 결정적인 계기였다고 해도 과언이 아니다.

한국YWCA 농촌 사업의 주요 내용은 농민 보건, 농민 협동, 농민

교육, 농촌 부업 등이었다. 주된 활동은 아동과 부녀자 교육에 집중되
었다. 협성여자신학교와 이화여자전문학교 YWCA에서 실시한 무산
아동과 농촌 아동, 부녀에 대한 교육이 대표적인 경우다. 기독교 복음
화와 아울러 점진적인 개혁은 이러한 인식에서 비롯되었다. 다만 피
폐한 농촌에 대한 외면은 스스로를 기만하는 죄악이나 다름없었다.
이타적인 삶을 통한 실천력은 최용신에게 매우 중요한 문제였다.[28]
현지 주민들과 합일된 생활을 꿈꾸었다.

　　최용신 이전에 수원 지역을 담당한 선교사 밀러는 샘골예배당에
강습소를 만들었다. 밀러는 바쁜 순회 일정 등으로 이를 운영하는 데
전념할 수 없었다. 소식을 들은 YWCA 농촌 사업 관계자가 즉시 현지
를 시찰했다. 그리고 적임자로 최용신을 선정해 샘골 파견을 결정한
다. 사업의 재정적인 후원은 미국 YWCA 농촌부 간사인 셔우드 에디
가 맡았다.[29] 이후 매달 30원을 후원금으로 보냈다.

　　함께 온 김활란과 황에스터가 주민들에게 최용신을 소개했다.
농촌계몽운동 대상 선정지는 수원군 반월면 샘골이 채택되었다. 최

샘골에서
황에스터, 최용신, 김활란

용신은 신학교 재학 중 동료들과 함께 여러 차례에 걸쳐 농촌계몽운
동에 참여했다. 황해도 수안이나 강원도 통천군 옥마면 포항동 등지
에서의 경험은 불안감을 떨치는 든든한 밑거름이었다. 그는 자신이
경험한 바가 앞으로 이곳을 발전시키는 데 활력소가 될 것이라고 소
감을 밝혔다.

　'가냘픈 여성이 어떻게 이런 시골 생활을 견딜 수 있을까?' 하며
주민들은 의아스러운 눈길을 보냈다. 미래에 대한 희망을 상실한 주
민들의 표정은 밝지 않았다. 이러한 분위기에도 개의치 않고 향후 계
획을 다짐한 최용신은 도착한 직후 주변 자연환경과 민심 등을 세밀
하게 살폈다. 샘골은 고향 두남리와 매우 흡사한 환경으로 다가왔다.
그런 만큼 친근감은 배가될 수밖에 없었다. 고향에 온 착각마저 들 만
큼 아늑했다. 기형적인 농촌 문제가 스스로 해결해야 할 중차대한 현

안이자 자기 소명으로 다가오는 순간을 맞았다.[30] 이는 단순한 농촌 봉사나 농민 계몽과 차원을 달리하는 중차대한 문제였다. 여기에서 자신의 존재 가치와 가치관 실현을 찾았다. 더욱이 이곳은 성호 이익이 실학사상을 집대성한 조선 후기 문예부흥의 중심지이자, 표암 강세황이나 단원 김홍도가 산수화와 풍속화의 새로운 경지를 개척한 산실이었다.

마을을 둘러보면서 최용신은 작은 몸뚱이로 새로운 변화를 일으키리라 새삼 다짐했다. 한 알의 진정한 밀알이 되기를 결심한다. 이어 유지들을 찾아가 자신의 계획을 설명하고 지원과 후원을 요청했다. 아직까지 남존여비 의식이 잔존한 샘골이었다. 대부분은 냉소만 보낼 뿐이었다. 훗날 가장 열성적인 후원자가 된 염석주는 처음 만났을 때를 다음과 같이 회고했다.

어떤 날 얼굴이 얽은 신여성 하나가 부인 몇 사람과 같이 찾아와서 자기는 지금 샘골에 있으면서 이 지방을 위해 적은 힘이나마 바쳐 보고자 하니 부디 협력해 달라고 하였습니다.
나는 사회의 풍파를 많이 겪어 쓴맛 단맛을 다 보았고 사업을 한다는 사람들에게 아주 실망을 한 참인데, 더구나 세상 물정 모르는 젊은 여자 하나쯤에게 무슨 큰 기대를 가질 수가 있겠어요? 그저 내 지방에 와서 일한다는 사람이려니 하고 대접상 어물어물해 보냈습니다만 실상은 속으로 '날고 기는 놈들도 농촌에 와서 실적을 못 내는 이 시절에 너 같은 계집애가 무엇을 해 보겠다고 그러느냐.' 하고 경멸을 보냈어요.[31]

위생 생활, 생활 개선 등에 대한 반응은 "제기랄! 파리 안 잡아도 파리에 물려 죽은 놈은 하나도 없었다네. 책상물림의 젊은 처녀가 무엇을 안다고 이러니 저러는가."라는 핀잔을 주기가 다반사였다. 그러나 최용신의 살가운 다가가기는 전혀 흔들리지 않고 계속되었다.

샘골강습소를 증축하다

최용신은 샘골에 도착한 초기부터 교육 활동에 매진했다. 폐허와 다름없는 샘골강습소의 확대, 개편은 이를 실현하는 첫 번째 과제였다. 사람들을 만나면 "자녀들을 가르치십시오. 가르쳐야 됩니다."라고 거듭 권유했다. 어떤 사람은 "돈이 있어야지요. 월사금 낼 돈이 없어서 못 가르칩니다."라고 냉랭한 반응으로 응답했다. 그러면 "월사금은 안 받으니까 자녀들을 보내기만 하십시오."라며 권한다. 심지어 "돈 안 받고 어떻게 가르칩니까?" 반문하는 사람도 있었다.[32] 첫 사업은 무지로부터 벗어나기 위한 강습소 운영이었다. 주요 교과목은 한글, 역사, 산수, 재봉, 수예, 창가, 성경 등이었다. 처음에 모여든 사람들은 화제의 주인공이 과연 어떠한 인물인가 알아보려는 일종의 탐색전을 벌였다.

최용신의 열성적인 활동에 점차 동조하는 우호적인 분위기가 형성되었다. 자신감을 얻어 지역 유지들에게 장래 계획을 밝혔다. 유지들과 상의해 샘골강습소 설립인가원도 제출할 만큼 점차 신망을 받는 인물로 변해 가고 있었다. 1932년 5월에는 정식 강습소로 인가까

지 받았다. 이는 주민들의 인식 변화를 이끄는 견인차로 작용했다. 새로운 활기가 마을에 감돌았다. 강습소 건축에 필요한 부지 확보와 경비 조달은 가장 만만치 않은 문제였다. 하지만 등대처럼 어둠을 밝히는 하나의 희망등이 되고자 굳은 결심을 거듭했다. 자신이 믿는 하느님에게 간절한 기도를 올렸다.

주여!
이 세상에서 가장 무서운 것은 가난도 일제도 아닙니다.
깨어나지 못하고 대대로 이어 온 우리의 무지입니다.
자자손손 이어 온 우리의 정신, 혼을 빼앗기고도
민족은 말살되고 영원한 식민지로 전락한 처지에도
이기심으로 깨지 못하고 당장의 이익에 눈이 멀어
체면이나 염치도 없습니다.

강습소 건축을 위한 계획은 한가위를 맞아 이른바 추석놀이인 학부형위로회 개최로 이어졌다. 한 달 이상 학생들과 준비에 매달렸다. 이웃 마을 주민들도 참석하는 등 성황을 이루었다. 아이들은 연습할 때보다 더 멋진 모습을 연출했다. 박수갈채가 여기저기에서 탄성과 함께 터져 나왔다. 자녀들을 가르치면 된다는 신념을 얻게 되었다. 최용신은 폐회에 즈음해 연설했다.

"여러분 자녀들의 행복을 위해 길을 열어 줄 사람은 여러분 자신밖에 없습니다. 그러나 여러분 자녀들이 무식해지기를 바라는 사람도 있으리라 생각됩니다. 그런 사람들 소원대로 된다면 영원히 사람 꼴을 하고 살아 볼 날은 결코 오지 않을 것입니다."

주민들은 열광적인 박수를 보냈다.

즉석에서 천곡강습소 건축발기회도 조직되었다. 홍수득, 안종팔, 강치형, 황종연과 샘골부인저축계원, 일부 학부형 등이 주요 발기인이었다. 부인들은 그동안 저축한 300원 전액을 헌금할 의사를 밝혔다. 최용신은 이 중 150원만 기부금으로 받기를 결정해 발기인들의 모금 활동을 더욱 분발시켰다. 운동회가 지역 주민을 총동원한 마을 축제로 성대하게 개최되었다.[33] 시세 변화에 부응한 새로운 민중 문화는 이를 통해 창출될 수 있었다. 주민들 상호 간 신뢰는 미래에 대한 원대한 이상을 실현하는 주요한 밑거름이 되었다.

건축 기금을 모금하는 데 혼신을 다했다. 여러 마을을 직접 방문해 교육의 중요성을 역설했다. 점심을 굶는 것은 일상이나 마찬가지였다. 심지어 저녁도 먹지 못한 채 집에 돌아오기가 일쑤였다. 부호 노인과 격렬한 토론 끝에 시비로 끝나는 경우도 있었다. 외국에 유학한 청년과 거리에서 멱살다짐도 여러 차례 했다. 이리하여 최용신에

대한 악의적인 유언비어가 유포되었지만 굴하지 않고 모금 활동을
계속 추진했다.

우선 강습소 부지를 확보하기 위해 둔대교회 설립자인 박용덕을
찾아갔다. 며칠 후 그는 강습소 부지 1050여 평을 기증했다. 이곳은
샘골이 내려다보이는 매우 적절한 장소였다. 또한 YWCA 총회에 참
석해 활동 상황을 보고하고 건축비 일부를 보조금으로 받았다. 염석
주를 찾아가서 의연금 지원을 부탁했다.

"염 선생님, 가축을 기르는 일도 중요하지만 그보다 사람을 기르
는 사업을 해 보지 않으시렵니까."

말을 다 듣고 난 후 염석주는 적극적인 후원을 약속했다. 더욱이
건축에 필요한 재목은 자신의 산에서 베어다 쓰도록 배려했다.[34] 부
지와 건축 기금이 어느 정도 확보되자 10월 정초식이 거행되었다.

최용신은 학생들과 함께 틈만 나면 건축 공사에 나섰다. 직접 지
게를 지고 돌과 흙을 날랐다. 열성적인 활동을 목격한 주민들도 열성
적으로 참여했다. 정초식을 거행한 지 3개월 만에 강습소 건물이 완
성되었다. 샘골의 제일 높은 동산 위에 강습소가 우뚝 솟았다. 이는
주민들에게 기쁨과 자신감을 불러일으켰다. 오전에 개최된 낙성식은
기념사, 건축비 사용 경과 보고, 학동들의 학예회 등 다양한 축하 행
사로 이어졌다. 건축비는 모금된 금액보다 많은 657원이 소요되었다.
부족한 금액은 이후 의연금으로 충당할 수 있었다. 주민들은 헌신적
인 활동에 찬사를 보내는 한편 존경을 표시했다. 단결심과 화목한 인
간관계는 이러한 과업을 실행하는 원천적인 힘이었다.[35] 주민들은 무
엇이든 할 수 있다는 자신감으로 충만했다. 매사에 적극적인 생활 자

세를 견지할 수 있는 계기였다. 이제 샘골강습소는 현지인에게 단순한 교육 기관을 넘어 자신들의 염원을 담은 상징물이었다.

새봄이 돌아왔다. 낙원처럼 평화로운 샘골에 생기가 물씬물씬 풍겼다. 강습소에는 인근 마을에서 아이들이 몰려들었다. 할머니들이 찾아와 손자들의 생동감 넘치는 체육을 구경하곤 했다. 부인들도 아이들의 노랫소리가 들려오면 일손을 잠시 멈추고 듣는다. 내용을 아는 사람들은 같이 흥얼거린다. 교실에는 최용신이 직접 쓴 글씨나 그림, 수예품 등을 전시했다. 신학교 시절에 만든 송학(松鶴) 자수도 내걸었다.

강습생은 점점 늘어나 110여 명에 달하는 등 초만원을 이루었다. 오전, 오후, 야간반 등으로 분반해도 지원자를 수용할 수 없는 지경에 이르렀다. 교실에 들어오지 못한 청소년들은 집에 돌아가지 않고 예배당 이곳저곳을 기웃거렸다. 야간에는 부인들을 대상으로 일상사에 필요한 초보적인 학문을 가르쳤다. 60세에 가까운 할머니도 참여할 만큼 열성적이었다. 희생적인 활동은 샘골 근방에 문맹자 없는 기적을 일구었다. 최용신은 학용품과 교재 등을 지원하기 위해 힘든 노동을 마다하지 않았다. 일제의 철통같은 감시에도 결코 흔들리지 않고 우뚝 선 '상록수' 같은 존재로 각인되었다.

위생 생활에 힘쓰다

농가 부업의 증대 방안은 학교 주변에 뽕나무 심기와 누에치기 권장으로 이어졌다. 또한 감나무 등 각종 유실수를 주민들에게 골고루 나누어 주었다. 집 근처나 유휴 토지에 과일나무 심기를 적극적으로 권장했다. 여기에서 나오는 수입 중 일부는 강습소 유지비나 농기구 구입 자금으로 충당되었다. 부녀회를 중심으로 위생 생활, 환경 개선, 저축 장려 등을 위한 강연회도 계획대로 실천에 옮겨졌다. 다양한 계몽 활동은 부인들이 사회적인 존재로서 자신의 가치를 인식하는 단계에 접어들었다. 이는 적극적인 사회 활동 유도로 이어지는 새로운 변화를 불러왔다.

부인들의 지위 향상을 위해 새로운 요리법과 가정관리법을 소개했다. 사회 구성원들의 봉사 활동을 견인하는 요인이었다. 생활 개선의 일환으로 금주와 금연, 도박 추방, 미신 타파 등도 병행했다. 그 와중에도 10여 리 떨어진 야목리에 가서 윤홍림과 함께 농촌부흥운동 활성화 방안에 관한 간담회를 정기적으로 열었다. 독실한 신앙심과 주민들에 대한 무한한 애정과 신뢰는 여러 난관을 극복하는 정신적인 지주였다.[36] 최용신은 난관에 부딪칠수록 더욱 정진하는 등 주위 사람들의 존경을 한 몸에 받았다. 그를 비방하면 이유 여하를 막론하고 사람대접을 받지 못하는 상황이 되었다.

일본에 유학하다

최용신의 헌신적인 활동은 주민들의 절대적인 신망을 받았다. 다양한 경험은 장기적인 계획에 의한 운동의 필요성을 더욱 절감하게 했다. "이만큼 자리 잡은 샘골을 위해 지금으로부터 새로운 농촌운동의 전개가 필요하다. 그러나 나의 좁은 견문으로는 도저히 능력이 부족하다. 만일 이대로만 간다면 곧 침체되어 이 모양조차 유지해 가기가 곤란할 것이다. 이곳을 이 땅의 농촌운동의 한 도화선으로 만들려면 새로운 지식과 구상이 필요하다."라는 생각이 압박했다. 보람과 만족이 아니라 불안과 자책이 성큼 다가왔다. 1934년, 최용신은 새로운 지식과 학문을 충족하기 위한 일본 유학을 결심한다. 이는 그동안 현장에서 느끼고 생각한 것을 실천하는 문제와 직결되었다.[1]

3월 도일과 동시에 고베여자신학교 사회사업학과 청강생으로 등록한다. 새로운 환경은 지적 호기심을 자극했다. 유학 중 교내 잡지에 투고한 기고문은 희망찬 계획으로 가득 차 있었다. 장래 목적은 기독교 신앙인으로서 부녀자, 어린이, 농민 등 사회적인 약자의 보호였다.

현해탄을 건너서 시모노세키에 도착했을 때 너무나 기뻐했습니다. 그 기쁨은 어느 것에도 비교할 수 없을 정도였습니다. 그것은 다른 환경을 맞이하는 적적함보다도 친숙한 고향에 돌아가는 기분이 들었기 때문입니다. 물론 나는 금년 초에 이곳에 도착했지만 이 신학교는 벌써 나에게 깊은 관계가 있는 것처럼 생각되었고 항상 이 학교를 동경하고 있었기 때문에 그렇게 동경했던 이 학교를 볼 수 있고 또한 공부할 수 있다고 하는 것이 기뻤던 것입니다.

드디어 4월 10일이 되어 학교의 문에 들어선 그날부터 모든 선생님들의 친절과 학생들의 애정에 감탄했습니다.

하루하루 학생 생활을 하는 중에 나는 한 사람의 이방인이라고 하는 적적함 없이 즐거움과 기쁨이 가득하고 있습니다. 이 안에는 다른 사회에서 볼 수 없는 그리스도 예수의 사랑이 발휘되고 있기 때문입니다. 이 세상은 어디를 가 보아도 계급 차별이나 민족 차별이나 빈부 차별로 인해 비극이 발생하고 있습니다. 그러나 이 학교 안에는 이러한 모습의 계급, 민족, 빈부, 귀천의 사상을 초월한 그리스도 예수의 사랑이 발휘되고 있는 것에 감탄하지 않을 수 없습니다. 그러므로 나는 기쁘고 또한 하나님께 감사를 드립니다.

그러나 이러한 그리스도의 사랑이 넓게 전파되어서 이 지상에 하나님의 나라가 이루어지는 것을 절실히 원합니다. 개인에 있어서도 가정에 있어서도 사회에 있어서도 그리스도 예수의 진실한 사랑을 갖지 않는다면 진정한 행복은 없습니다. 어떠한 위대한 사람도 그리스도의 사랑을 갖지 못한 사람은 결핍이 있고, 또한 어떠한 행복한 가정이라도 그리스도의 사랑이 없는 가정은 언젠가는 불행을 초래하고, 어떠한 강한 힘을 갖고 있는 민족도 그리스도의 사랑이 없는 민족은 멸망하게 되고, 또한 어떠한 문명사회도 그리스도의 사랑이 없는 평화는 성립되지 않는 것입니다. 그러므로 이 학교 안에서 수양하고 있는 저로서는 이러한 진정한 그리스도 예수의 사랑으로써 개인의 행복을 위해 사회 안정을 위해 세계 평화를 위해 도처에 예수의 사랑을 실현하고 그리스도의 사랑을 발휘해 하나님의 나라가 이 우주에 임하는 것을 기원합니다.

느낀 것이 많지만 글이 짧아 줄이겠습니다.[2]

한편 큰오빠 시풍과의 재회는 그의 기쁨을 배가시켰다. 최시풍은 1920년대 후반까지 고향에서 활동하다가 일본 고베로 도일해 활동했다. 1932년 최시풍의 주요 활동 근거지는 고베 기독교 관련 단체였다. 최용신이 유학하는 지역으로 고베에 있는 여자신학교를 선택한 이유 중 하나도 이와 무관하지 않았다. 약혼자 김학준과의 만남은 상호 간 믿음과 애정을 확인하는 좋은 기회였다. 너무나 즐거운 나날이었다. 동료들과 어울려 봉사 활동도 게을리하지 않았다. 교정을 거닐며 이상촌이 될 샘골을 떠올리곤 했다.

호사다마라고 할까 아니면 운명의 장난이라고 할까. 학업에 정진하던 중 별안간 각기병에 걸리고 말았다. 어렵게 얻은 유학 생활을 계속하고 싶었다. 고통을 감내하고 학업에 정진하기 위해 무던히도 애를 썼다. 고통은 참기 힘들 만큼 주기적으로 찾아왔다. 오빠와 약혼자와 상의했다. 귀국해 건강을 되찾으면 다시 시작하라는 충고였다. 결국 염원했던 학업을 중단한 채로 귀국하는 수밖에 없었다.

일본으로 떠난 지 6개월 만인 9월 귀국한 즉시 최용신은 샘골로 되돌아왔다. 스스로를 지탱하기조차 힘든 몸임에도 이전보다 더욱 정진하는 자세로 일관했다. 그런데 한국YWCA가 샘골학원 보조금 지원 중단을 선언하는 등 경제적인 부담까지 가중되었다. 1934년 10월에는 《여론(女論)》에 「농촌의 하소연」을 실어서 샘골을 살리기 위한 각계 지원을 호소했다. 최용신의 의지와 달리 사회적인 반응은 매우 냉담할 뿐이었다. 육신은 점차 병들고 피로가 중첩되었다. 과중한 업무에 따른 피로가 중병으로 이어지는 등 불운이 다가오고 있었다. 악조건에도 개의치 않는 가운데 오직 열정을 불태울 뿐이었다.

마지막 투혼을 불사르다

창자를 조여 대는 고통을 참기가 너무나 고통스러웠다. 그럼에도 참고 또 참기를 반복했다. 조금이나마 나아지기를 기대하였으나 도무지 차도가 없었다. 고통으로 몸부림치는 최용신을 어떻게 수원까지 데려갈지를 두고 주민들은 고민했다. 여러 방안이 있었으나 가마를 이용하는 것이 제일 좋은 방안이라는 생각이었다. 수원 도립병원까지 40리나 되는 거리였다. 청년들은 시간과 거리를 단축하기 위해 지름길을 선택했다. 어른들은 가마를 손질하고 날씨가 추우니 안에 이불을 넣었다. 웅크린 용신을 가마에 태우고 청년들은 병원을 향해 달리듯이 갔다. 주민들은 얼마 있다가 최용신이 다시 오리라 믿어 의심하지 않았다. 이 길이 샘골을 떠나는 마지막 길일 줄을 누구도 몰랐다. 어떠한 방법을 동원해서라도 선생의 목숨을 구해야 한다는 생각뿐이었다.

도립병원에 도착하니 신현익 병원장을 비롯한 많은 의료진이 기다리고 있었다. 청년들은 가마를 멘 채 응급실로 들어가 환자를 내려놓고 땀을 닦았다. 빨리 오느라 중간에 쉬지도 않았던 청년들은 가쁜 숨을 내몰았다. 오직 수술이 잘되기를 기원했다. 소식을 들은 주민들이 곧장 병원으로 달려왔다. 병원 복도는 초만원을 이루었다. 긴장한 나머지 침묵만이 흘렀다. 이심전심으로 병세가 호전되기를 빌고 또 빌었다.

의료진은 곧바로 환자 상태를 점검했다. 신현익의 주도하에 외과 의사 김하등 등이 진단을 시작했다. 정밀한 검사를 하지 않아도 사태가 위급함을 직감할 수 있었다. 초조하게 기다리던 주민들은 응급실에 들어와 상태를 물어본다. 의료진들은 대답은 하지 않고 한숨부터 토한다. 어떻게 참고 견뎌 낼 수 있었을까! 중얼거릴 뿐이다. 창자가 창자 속으로 들어가 곪는 장중첩증이라는 설명이다.[3] 생전 처음 들어보는 병명이었다. 다만 병이 심각하다는 사실만은 감지할 수 있었다. 일찍이 수술을 했어야 하는데 시기가 너무 늦었다고 설명한다. 주민들은 의료진들에게 애걸하다시피 치료를 부탁한다.

경기도립병원 전경

　김하등의 집도로 절제를 하고 보니 생각 이상으로 훨씬 더 심각했다. 단지 장에 문제가 있는 것이 아니라 다른 장기들도 정상이 아니었다. 의료진은 생명을 이어 보려고 투혼을 발휘했다. 창자를 잘라 내고 다시 잇는 등 대수술이었다. 1차 대수술이 끝나고 마취가 풀려도 혼수상태는 계속되었다. 환자는 아마 약혼자인 김학준을 떠올리는 것 같았다. 10년을 기다려 조금 있으면 결혼하기로 일본 유학 중 약속한 바가 있었다. 바람과 달리 자신은 생사를 넘나들고 있지 않은가?

　주민들의 소망과 달리 수술 결과는 그리 좋지 않았다. 고열이 지속되면서 고통을 견디기 어려워하는 안타까운 순간순간이었다. 목이 마른지 자꾸 물을 달라고 한다. 정신이 돌아오면 기도를 올린다. 주님이시여! 저에게 수고할 시간을 더 주시옵소서. 보는 이들은 모두 넋나간 사람처럼 미동도 하지 않았다. 다만 긴장감이 팽팽히 감도는 분위기였다. 병세는 샘골에 전해지고, 이어 이웃 마을까지 전해졌다. 모두들 빠른 쾌유를 기원하고 교회를 찾아 열심히 기도했다.[4] 심지어 일을 놓고 새벽기도에 매달리는 주민들도 있었다. 수술 경과에 대한 소식이 실시간으로 마을에 전해질 정도였다.

시간이 갈수록 병세는 호전되기는커녕 더욱 악화되었다. 혼수상태에 점점 자주 빠져들었다. 의료진들의 대수술 제의에는 간곡하게 거절한다. 마침내 작은오빠 시항의 동의를 받아 재수술을 하였으나 결과는 역시 좋지 않았다. 고통은 이전보다 더욱 심해졌다. 의료진은 더는 손쓸 방도가 없다고 말한다. 병세는 급속하게 악화되었다. 혼미해지는 정신은 점점 짧아졌다. 그 와중에도 정신만 들면 샘골 아이들을 걱정한다. 또한 눈물로 기도를 올린다. 간절한 소망은 눈물이 되어 베개가 흠뻑 젖을 정도였다. 이제는 몸을 제대로 가누기조차 어려웠다. 작은오빠는 마지막 생명을 살려 보려고 수혈했다. 식염 주사를 놓자 조금 기운을 차리면서 의식도 맑아지는 듯했다.

어린아이들이 문병을 왔다. 아이들의 손을 하나하나 잡으면서 추운 날씨에 너희들이 여기까지 오느라 고생이 많았다고 격려를 아끼지 않는다. 애들아, 나를 위해 찬송가를 불러 다오. 아이들은 찬송가를 조용하게 합창했다. 문병객들이 보기에도 생의 막바지에 다다르고 있었다.[5] 시간이 흐를수록 병세는 혼수상태로 이어졌다. 가녀린 신음만이 병실에 가득했다. 그러면서도 자기 소식을 외부에 알리지 말라고 부탁을 거듭했다. 부인들은 그 말을 그대로 따랐다. 하지만 입원과 수술 경과가 좋지 않다는 소식에 신학교 은사가 병원을 찾았다.

샘골강습소 운영을 유언하다

협성여자신학교 은사인 황에스터가 최용신이 위독하다는 소식을 듣고 단걸음에 달려왔다. 즉시 일본에 있는 약혼자 김학준과 큰오빠 시풍에게 그리고 덕원 두남리 본가에 전보를 쳤다. 1월 22일 새벽에 안홍팔(安洪八)이 수원 도립병원으로 달려왔다. 누구보다 최용신의 절대적인 신임을 받으며 샘골에 함께 변화를 일으킨 동반자였다. 얼굴을 보는 순간 이제 마지막이구나 하는 직감이 들었다. 최용신은 안홍팔을 보자 무엇인가 이야기하는 태도였다. 죽음을 예견한 듯 안홍팔의 손을 힘없이 잡았다. 말하려고 안간힘을 썼다.

"제가 떠난 후라도 학원만은 잘 살려서 여러분의 손으로 훌륭한 학원을 만들어 주세요."

너무 애잔해 안홍팔도 소리 없이 흐느끼고 있었다.

"내가 죽은 후에는 학원이 잘 보이는 곳에 묻어 주세요. 샘골 여러 형제들을 두고 어찌 가나. 애처로운 우리 학생들의 진로를 어찌하나. 아무에게도 나의 죽음을 알리지 마세요."

1월 22일 오후에는 사촌 오빠 시복까지 수혈했다. 차도가 전혀 없었다. 의료진은 화농성 복막염으로 더 이상 방법이 없다고 설명했다. 그런 중에도 가끔 정신이 돌아오는지 "주여! 주여!" 주님을 찾는다. 아이들 이름을 띄엄띄엄 부른다. 저녁 무렵에는 의식이 거의 없었다. 병실을 지키던 사람들은 기도를 올렸다. "최 선생님을 데려가시려면 편히 데려가시고, 하나님의 영원한 팔에 안기게 해 주시옵소서." 혼수상태에도 얼굴은 평온해 보였다. 시간은 지루할 정도로 흐르지 않았다.

시간은 자정을 지나 1월 23일 0시 20분이었다. 운명하는 순간을 맞았다. 1909년 8월 12일에 태어나서 1935년 1월 23일에 생을 마감한다. 25년 6개월의 짧은 생애였다. 그러나 누구도 따르기 어려운 소중하고 고귀한 삶을 살았다. 임종을 지켜본 사람들은 슬픔을 가눌 길이 없었다. 모두들 허탈감으로 스스로를 주체하지 못하는 분위기였다. 운명하는 마지막 순간에도 인간으로서의 소망과 미안함을 유언으로 남겼다.

1. 나는 갈지라도 사랑하는 천곡강습소를 영원히 경영해 주십시오.
2. 김 군과 약혼한 후 10년 되는 금년 4월부터 민족을 위해 사업을 같이하기로 하였는데 살아나지 못하고 죽으면 어찌하나.
3. 샘골 여러 형제를 두고 어찌 가나.
4. 애처로운 우리 학생들의 전로를 어찌하나. 애처로운 우리 학생들의 전로를 어찌하나.
5. 어머님을 두고 가니 몹시 죄송하다.
6. 내가 위독하다고 각처에 전보하지 마라.
7. 유골을 천곡강습소 부근에 묻어 주오.[6]

최용신은 생을 마감하기 직전까지 샘골에 대한 희망을 잃지 않았다. 한국 사회의 이상적인 농촌으로 거듭남은 궁극적인 소망이었다. 영원한 천곡강습소 운영에 대한 부탁은 농촌계몽운동의 불씨를 되살리려는 의도였다. 이는 물질적인 풍요와 더불어 정신적인 안락

최용신의 유언장

을 추구하는 문제와 직결되었다. 현지인 자력에 의해 이룩하고 자신감을 배가시킨 결정체가 바로 천곡강습소였다. 미안함으로 가득 찬 제자들에 대한 무한한 애정 표현은 이를 방증한다. 자신의 죽음 앞에서 이들과 함께하지 못하는 현실을 자책했다.

　약혼자와 함께 참다운 농촌계몽운동을 하지 못함에 대한 아쉬움은 진한 인간적인 정감을 물씬 느끼게 한다. 10년 전 군은 언약은 실행 직전에 중단할 수밖에 없었다. 이는 약혼자에 대한 진정한 배려이자 미안함에 대한 자기 독백인지도 모른다. 또한 어머님을 두고 가매 몹시 죄송하다는 말은 못난 자식으로서 회한에 가득 찬 고백이다. 너무나 인간적인 최용신의 참모습이 여기에 있다. 남을 위한 삶의 위대함은 무언가를 일깨우려는 강력한 메시지로 다가온다. 마지막 소망은 천곡강습소의 수호신으로 부활하는 것이었다. 유언으로 남긴 묘지 위

치는 이러한 염원을 진솔하게 보여 준다. 청빈한 속에서 열정적으로 살다 간 생애는 주민들에게 참다운 삶을 인도하는 등대였다.

날이 밝기도 전에 슬픈 소식이 샘골에 전해졌다. 잠을 제대로 자지 못한 부인들이 하나둘 모였다. 곧 운명 소식은 온 마을에 퍼졌다. 모두들 넋 나간 모습이었다. 무거운 침묵만이 마을을 휘감았다. 다시 마음을 가다듬고 수원 도립병원으로 달려왔다. 추운 날씨에 거동이 어려운 사람들은 교회로 몰려들었다. 일본 유학을 갔을 때는 언젠가 돌아오리라는 기다림이 있었다. 이제는 영원히 볼 수 없게 된 사실이 믿기지 않았다. 오전 10시경 가쁜 숨을 몰아쉬며 달려온 청년은 강습소 문을 열었다. "얘들아, 오늘 새벽에 우리 선생님이 돌아가셨다." 교실은 울음바다가 되었다. 일부 아이들은 어른들을 따라 병원으로 갔다.

최용신 묘지에
모인 사람들

사회장으로 거행되다

같은 집에 살면서 소변까지 받으며 친자매처럼 돌봐 주던 장명덕은 무지리에서 사망 소식을 들었다. 한걸음에 병원으로 달려왔다. 죽음을 확인한 후에는 깊은 슬픔에 빠졌다. 경성에서 고모 최직순도 소식을 듣고 곧장 달려왔다.

염석주는 운명 소식을 듣고 깊은 고민에 빠졌다. 처음에는 거의 도움을 주지 않던 그는 최용신의 불사조 같은 활동을 보면서 물심양면으로 지원을 아끼지 않았다. 온갖 어려움을 이겨 낼 수 있었던 비결은 바로 염석주와 같은 이의 강력한 후원이었다.[7] 그런데 꿈을 제대로 펼쳐 보지도 못한 채 영원한 이별을 고했다. 미안한 마음도 한구석에 남아 있었다. 마지막 떠나는 길을 고이고이 보내고 싶었다.

장례식 거행에 대한 의견은 분분했다. 본가와 김학준 집에서는 자기네들이 주관해야 한다고 했다. 반면 주민들은 샘골을 아끼고 사랑한 이인 만큼 유언대로 샘골강습소가 건너다보이는 양지쪽에 모셔야 한다고 주장했다. 염석주가 장례위원장이 되어 주민사회장으로 거행하기로 합의를 보았다. 염석주는 숭고한 희생과 봉사 정신을 세상에 널리 알리기로 결심했다. 당시 언론에서 최용신의 일대기를 3회 연재했던 배경에는 염석주의 노력이 있었다.

시신을 옮겨 샘골강습소 운동장에 안치하고 하얀 천을 덮어 놓고는 장례 준비에 분주했다. 학생들은 선생님께 드릴 상여 꽃을 만들었다. 청년들은 강습소 건너편 공동묘지의 땅을 파기 시작했다. 장례식 날인 1월 25일이 다가왔다. 운동장에는 평소 최용신을 아끼고 존경하고 사랑한 사람들이 인산인해를 이루었다. 고모와 오빠들, 약혼자 가족들, 사랑하는 아이들, 이웃 마을 주민들까지 참석했다. 목사의 집례, 장명덕의 기도, 어린 학생들의 조가, YWCA 대표 홍에스터의 조사, 염석주 위원장의 식사, 이종렬의 고별사 순으로 장례식은 장엄하게 진행되었다. 안홍팔이 약력을 소개하고, 전재풍 목사는 유언을 낭독했다.[8] 이때 장내는 감격에 복받쳐 한동안 장례식이 중단되기도 했다. 그리고 시신은 공동묘지에 묻혔다. 영원한 안식처를 찾아서……

황해도 신천에 사는 강승한은 "우리의 얼을 빛낼 기사(騎士)여! 천곡의 발자취여!"라고 조시를 명전에 바쳤다.

이 땅에 살고 이 땅을 위하고 이 땅을 키운 아까운 리더여!
하늘에서도 이 땅을 잊어버리지 않으려니
이날에 눈물 지는 몸들 부끄럼에 고개 숙어집니다.

아아 불멸의 영(靈)이여! 길이 안식하소서.[9]

최용신은 무지와 가난에 찌든 반월 주민들에게 희망의 샘물을 주었다. 열성적이고 헌신적인 생활 자세는 아무나 모방하기 어려운 희생과 나눔에서 비롯되었다. 소망과 달리 너무나 빨리 우리 곁을 떠나갔지만 짧은 생애는 결코 헛되지 않았다. 다시 안산 시민의 곁으로 다가와 미소를 보내고 있다. 다문화 시대에 우리가 할 일이 무엇인지를 반문한다.

주

1 신교육 수혜로 꿈을 키우다

1   김형목, 「최용신 현실 인식과 농촌계몽운동」, 《사학연구》 88 (한국사학
     회, 2007), 941쪽.
2   홍석창, 『최용신과 샘골마을 사람들』(한국감리교사학회, 2010), 79~82
     쪽.
3   김교신, 「서문: 『최용신 소전』에」, 《성서조선》 131 (성서조선사, 1939).
4   홍석창, 앞의 책, 124~127쪽.
5   김형목, 『최용신, 소통으로 이상촌을 꿈꾸다』(선인, 2015), 21쪽.
6   김명옥, 『최용신의 외로운 진실: 백년을 앞선 선각자』(책과나무, 2017),
     250~259쪽.
7   김형목, 앞의 책, 23~24쪽.
8   손인수, 『한국근대교육사』(연세대출판부, 1971), 14~43쪽.
9   김형목, 『배움의 목마름을 풀어 준 야학운동』(서해문집, 2018), 40~41
     쪽.

10   송병기·박용옥·박한설,『한말근대법령자료집 1』(국회도서관, 1970),
      513~516쪽; 국사편찬위원회 엮음편,『고종시대사 3』(1969),
      963~967쪽.

11   김형목,『최용신, 소통으로 이상촌을 꿈꾸다』, 26~27쪽.

12   김형목,『한국독립운동의 역사 35: 교육운동』(한국독립운동사편찬위원
      회·독립기념관 한국독립운동사연구소, 2009), 25~28쪽.

13   고숙화,『한국독립운동의 역사 32: 형평운동』(한국독립운동사편찬위원
      회·독립기념관 한국독립운동사연구소, 2008), 152쪽.

14   김형목,『배움의 목마름을 풀어 준 야학운동』, 315~321쪽.

15   김명옥, 앞의 책, 31~34쪽.

16   김형목,『최용신, 소통으로 이상촌을 꿈꾸다』, 30~31쪽.

17   류달영,『최용신 양의 생애』(아테네사, 1956), 127~129쪽.

2 농촌계몽운동에 앞장서다

1   김형목,「최용신 현실 인식과 농촌계몽운동」, 959~960쪽.

2   홍석창,『농촌계몽운동의 선구자 최용신 양의 신앙과 사업』(세헌,
      1984), 98~103쪽.

3   김형목,『최용신, 소통으로 이상촌을 꿈꾸다』, 33~35쪽.

4   「각 여학교 졸업생을 찾아서(24): 새봄 맞아 교문 나서는 재원들, 원산
      루씨학교의 특출한 네 규수」,《조선일보》(1928년 4월 1일) 중 최용신의
      글「교문에서 농촌에」.

5   홍석창,『최용신과 샘골마을 사람들』, 129~133쪽.

6   김명옥, 앞의 책, 44~46쪽.

7   김형목,「무산 아동과 전쟁고아의 어머니 김노득」,《관보》11월호(독
      립기념관, 2014).

8   김형목, 『최용신, 소통으로 이상촌을 꿈꾸다』, 41쪽.

9   홍석창, 앞의 책, 149~152쪽.

3 덕원 지역 민족교육을 일으키다

1   「취성교 30주년」,《중외일보》(1929년 4월 6일).

2   김형목, 「최용신 가족의 민족운동 참여와 역사적 의의」, 『제2회 최용
     신학술심포지엄』(안산연구원, 2014), 28쪽.

3   「재일본단지유학생 학자의연」,《황성신문》(1907년 2월 15일 자 광고).

4   「덕원 취성학교 운동회」,《동아일보》(1921년 5월 8일 자).

4 활동가 아버지의 영향을 받다

1   김상익, 「원산의 2차 의거」,《신동아》 3월호(동아일보사, 1965).

2   「원산리소요사건(3): 59명의 예심 결정 그중 17명은 면소 방면」,《매
     일신보》(1920년 12월 10일 자).

3   「덕원청년동맹 거 3일 원만 창립」,《동아일보》(1926년 1월 7일 자).

4   「신간 덕원지회 창립대회 금지, 부득이 연기」,《동아일보》(1927년 10월
     28일 자).

5   「신간 덕원지회 거 20일에 설립」,《동아일보》(1927년 11월 24일 자).

6   「농사에 관한 연구 조사와 농업 증진」,《동아일보》(1921년 10월 2일
     자).

7   「소년 '데이' 동화회」,《시대일보》(1924년 5월 7일 자).

8   홍석창, 『최용신과 샘골마을 사람들』, 127~128쪽.

9   위의 책, 57쪽.

10 김성은, 「1930년대 황애덕의 농촌 사업과 여성운동」, 《한국기독교와 역사》35 (한국기독교역사연구소, 2011).

11 김형목, 「스물넷, 꽃처럼 져 버린 거리의 성자 방애인」, 《관보》12월호 (독립기념관, 2014).

12 배은희, 『방애인 소전』 (전주유치원, 1933); 배은희·허명숙 옮김, 『조선 성자 방애인』 (전주YWCA, 2002).

5 샘골에서 이상촌을 꿈꾸다

1 노영택, 「일제 시기의 문맹률 추이」, 《국사관논총》51 (국사편찬위원회, 1991), 133~142쪽.

2 김형목, 「최용신 현실 인식과 농촌계몽운동」; 김형목, 『최용신, 소통으로 이상촌을 꿈꾸다』, 65쪽.

3 강만길, 「토막민의 생활」, 『일제시대 빈민생활사 연구』 (창작사, 1987).

4 서민교, 「토지조사사업」, 『한국독립운동의 역사: 1910년대 일제의 무단통치』 (한국독립운동사편찬위원회·독립기념관 한국독립운동사연구소, 2009), 57~62쪽.

5 조선총독부, 『조선토지조사사업보고서』 (1918) 참조.

6 정재정, 「식민지 수탈구조의 구축」, 『신편 한국사 47』 (국사편찬위원회, 2001), 52~54쪽.

7 인정식, 『조선의 농업기구』 (백양사, 1940), 59~62쪽.

8 宇垣一成, 『宇垣一成日記』2(영인본) (みすず書房, 1968), 972쪽.

9 김형목, 『최용신, 소통으로 이상촌을 꿈꾸다』, 66쪽.

10 조선총독부 편, 『조선총독부 경기도 통계연보(1912~1917)』.

11 사카이 마사노스케(酒井政之助), 『수원(水原)』 (1914), 23~26쪽.

12 수원시사편찬위원회, 「농민운동」, 『수원시사 상』 (수원문화원, 1996),

356~361쪽.

13 조성운, 「일제하 수원 지역의 농민조합운동」, 《수원문화사연구》 1호(1998), 185~186쪽.

14 「秘密結社 赤色農民組合 組織計劃事件檢擧ニ關スル件」, 《水警高秘》 제4782호(수원경찰서장, 1931년 12월 28일).

15 「진위농민조합 집행위원회」·「진위농민조합」, 《중외일보》(1930년 3월 28일 자); 「수진농민조합 집행위원회」. 《중외일보》(1930년 5월 21일 자).

16 「지주와 항쟁튼 100여 작인 승리, 소작료 불납동맹에 굴복: 수원 양강면에서」, 《조선일보》(1930년 10월 27일 자).

17 류달영, 『농촌계몽의 선구 여성 최용신 소전』(성서조선사, 1939), 26쪽.

18 『경기도세 개요 상』(영인본)(경인문화사, 1990), 66~68쪽.

19 조선총독부 편, 『통계연보(1932)』.

20 「영원불멸의 명주 고 최용신 양의 밟아 온 업적의 길 천곡학원을 찾아서」, 《신가정》 5월호(동아일보사, 1935), 100쪽.

21 김형목, 앞의 책, 68쪽.

22 조성운, 『일제하 수원 지역의 민족운동』(국학자료원, 2003), 39~43쪽.

23 조동걸, 「한국근대학생조직의 성격 변화」, 『한국근대민족운동사 연구』(일조각, 1987), 362~364쪽.

24 김형목, 앞의 책, 69쪽.

25 박용옥, 「1920년대 이후 항일독립운동·여성운동」, 『경기도 항일독립운동사』(경기도사편찬위원회, 1995), 804~805쪽.

26 김형목, 「최용신 현실 인식과 농촌계몽운동」, 953~954쪽.

27 경성지방법원, 「조선남녀학생기독교청년회 하령회 준비 및 회장협의회 개최에 관한 건」, 『사상 문제에 관한 조사 서류 6』(1929) 참조.

28 「전위여성단체의진용(3): 조선여자기독연합회」, 《삼천리》 4-10(삼천리사, 1932), 98~99쪽.

29 김형목, 『최용신, 소통으로 이상촌을 꿈꾸다』, 71쪽.

30   위의 책, 72쪽.

31   류달영, 앞의 책, 31쪽.

32   김형목, 앞의 책, 73쪽.

33   류달영, 앞의 책, 38~39쪽.

34   홍석창, 『농촌계몽운동의 선구자 최용신 양의 신앙과 사업』, 119쪽.

35   김형목, 앞의 책, 76쪽.

36   위의 책, 77~78쪽.

6 세상의 밑거름이 된 한 알의 밀알

1   김형목, 「최용신 현실 인식과 농촌계몽운동」, 955쪽.

2   김형목, 『최용신, 소통으로 이상촌을 꿈꾸다』, 80쪽에서 재인용.

3   홍석창, 『최용신과 샘골마을 사람들 2』(영음사, 2016), 363~367쪽.

4   김명옥, 앞의 책, 119~122쪽.

5   김형목, 앞의 책, 86~87쪽.

6   「썩은 한 개의 밀알, 브로나드의 선구자 최용신 양 일생(완)」,《조선중
      앙일보》(1935년 3월 4일 자); 김형목, 『배움의 목마름을 풀어 준 야학운
      동』, 305~306쪽.

7   김형목, 앞의 책, 89쪽.

8   「썩은 한 개의 밀알, 브로나드의 선구자 최용신 양 일생(완)」,《조선중
      앙일보》(1935년 3월 4일 자); 김형목, 『배움의 목마름을 풀어 준 야학운
      동』, 305~306쪽.

9   강승한, 「최용신 여사 영전에 바침」,《기독신보》(1935년 6월 19일 자).

연보

1909년(출생)

8월 12일, 함경남도 덕원군(德原郡) 현면(縣面) 두남리(斗南里) 64번지에서 부친 최창희(崔昌熙)와 모친 김 씨 사이에 3녀 2남 중 차녀인 넷째로 태어나다. 본관은 경주로 14대조가 원산 섬섬 귀양을 계기로 이곳에 세거하다. 형제는 언니 용순(容順), 큰오빠 시풍(時豊), 작은오빠 시항(時恒), 동생 용경(容璟) 등이다.

원산항을 아우르는 덕원군은 1880년 원산항이 개항되면서 많은 변화를 초래했다. 이후 외국 문물이 빈번하게 교류하는 국제적인 개항장이자 일제 침략이 본격적으로 이루어지는 최전선으로 변모되었다. 개신교 전래는 근대 문물에 대한 관심 촉발과 아울러 주민들의 가치관을 크게 변화시켰다. 시세 변화에 부응한 대응책 중 하나는 근대 교육 시행으로 귀결되었다. 1883년 우리나라 최초의 근대적인 교육 기관인 원산학사 설립은 이러한 역사적인 배경과 맞물려 있었다. 명사십리(明沙十里)를 비롯한 명승지에 외국인 별장과 근대적인 시설이 생겼다. 덕원도 원산과 더불어 동북 지방과 만주 지역 선교 거점지로서 주목받았다. 경술국치 직후 원산항과 합쳐 원산부로 개칭, 승격이 이루어졌다. 1914년 행정구역 개편 당시 원산부 대부분 지역은 덕원군으로 환원되었다. 1914년 경원선 개통과 더불어 교통, 운수, 물류 중심지로 발전했다. 이후 금강산은 관광지로 부각되는 가운데 원산은 근대 문물이 급속하게 유입되는 통로였다. 특히 원산항은 일제의 만주와 시베리아 진출을 위한 중간 거점이자 전략적인 요충지로 중시되었다. 지하자원이나 해산물 가공 등 근대적인 공장이 즐비한 공업 지대로 변화를 거듭했다. 1929년 일제강점기 최대 노동쟁의인 원산총파업은 이러한 역사적 배경에서 비롯되었다.

4월, 밀러 선교사가 수원 삼일여학당(三一女學堂) 초대 당장에 취임하다. 이후 여학교가 수원 지역을 대표하는 여성 교육 기관으로 발전하다. 1929년 반월면에 샘골강습소를 설립해 문맹퇴치운동을 전개하는 든든한 기반이었다.

1912년(3세)

5월, 약혼자인 김학준이 덕원군 현면 두남리에서 태어나다.

1913년(4세)

협성여자신학교 은사 황에스터가 비밀결사인 송죽회를 결성하다. 이는 여성독립운동 활성화를 도모하는 기반이 되다.

숭의여학교 교사 황에스터와 김경희(金敬熙), 졸업생 안정석(安貞錫) 등 3인은 송죽회라는 비밀결사를 조직했다. 주요 회원은 박현숙(朴賢淑)·이효덕(李孝德)·김옥석(金玉石)·최자혜(崔慈惠)·서매물(徐梅勿)·이마대(李馬大)·황신덕(黃信德)·채광덕(蔡光德)·최의경(崔義卿)·송복신(宋福信)·이혜경(李惠卿) 등이었다. 송죽회는 절개의 상징인 소나무와 대나무를 합한 명칭이다. 비밀결사인 만큼 신입회원의 가입이 엄격하여 추천된 사람은 회원 전원의 찬성을 얻어야 입회할 수 있었다. 회원 중에 나이가 든 사람 조직인 송형제(松兄弟)와 젊은 사람들 조직인 죽형제(竹兄弟)를 구성하는 이원적인 조직이었다. 회원들은 독립운동 자금의 모금과 지원, 망명지사들의 가족 돕기, 회원들의 실력양성 등을 목표로 삼았다. 매주 1회 기숙사에서 기도회 형식의 비밀회의를 갖고 토론회와 역사강의를 통하여 항일투쟁의 결의를 다졌다. 주요 활동은 주 1회 생일축하회의 명목으로 모여 구국 기도를 올리고 애국가를 제창하며 독립쟁취의 방법을 토론했다. 회원들은 정기회비 외에도 자신들이 만든 자수를 판매하여 특별자금을 마련하여 국외 독립운동 단체에 전달하였다. 활동 범위는 국내에 한정되지 않고 회원들이 해외로 유학하면서 미국과 일본 등 국외로까지 확산되었다. 3·1운동 당시 여성들의 많은 참여는 송죽회 회원들의 활동에 힘입은 바 크다. 3·1운동 직후 평양에서 대한민국임시정부를 지원하기 위해 조직된 대한애국부인회의 근간인 송죽회는 국내외에서 국권회복을 위해 투쟁한 대표적 항일 여성비밀결사였다.

1914년(5세)

3월 1일, 행정구역 개편으로 시흥군, 안산군, 과천군이 시흥군으로 통합되다. 안산군 중 일부는 수원군에 편입되다. 1906년 월경지(越境地) 정리에 의해 광주군 월곡면, 북방면, 성곶면이 안산군 관할로 되다. 1914년 당시 반월면 관내는 일리, 이리, 사리, 본오리, 대야미리, 속달리, 둔대리, 도마교리, 건건리, 팔곡1리, 팔곡2리, 사사리, 상수리, 초평리, 월암리, 입북리 등이다.

1916년(7세)

3월, 두남리교회 부설인 주일학교에 입학하다. 할아버지를 비롯해 일가친척이 모두 열성적인 기독교인 집안에서 신앙생활이 최용신의 인생항로에 중요한 방향타로 작용하다.

1918(9세)

3월, 전통 교육과 근대 교육을 병행하는 교육 기관인 사립두남학교에 입학하다. 입학 이전부터 마마(천연두)를 앓아 얼굴에 자국이 선명하게 남다. 동네 아이들의 놀림에 점차 내성적인 성격으로 변하다. 허전함과 외로움을 달래기 위해 주일학교에서 혼자 대부분 시간을 보내다. 더불어 신앙생활에 더욱 몰입하는 등 기도를 통해 위안을 얻다. 사색을 통해 기독교적인 삶의 가치관이 갖는 의미를 점차 인식하기에 이르다.

1919(10세)

3~4월, 덕원 지역에서 전개된 3·1만세운동을 목격하다. 또한 원산지역 만세운동 등에 관한 소식을 듣다. 무자비한 일제의 탄압을 직접 보면서 식민 지배가 초래한 모순된 현실을 부분적이나마 감지하다.

1920(11세)

4월, 원산 사립루씨여학교로 전학하다.
루씨여학교는 1903년 미국 남감리회 여선교사 캐롤(A. Caroll)과 놀즈(M. Knowles)에 의해 원산 와우동에 여자 기숙 학교로 개교하여 교세 확장과 더불어 1909년 제1회 졸업생을 배출했다. 미국 노스캐롤라이나

교회 여선교회 회장인 루시 커닝김(Lucy Armfield Cuninggim, 1838~1908)
부인이 학교 건축비를 기부했다. 1910년 산제동에 석조 건물을 짓고
기부자 이름을 딴 루씨여학교로 명칭을 바꾼다. 선교 사업의 일환으
로 다른 지역보다 일찍이 원산에 근대 교육 기관이 설립되었다. 루씨여
학교는 1913년 조선총독부로부터 정식 인가를 받았다. 보통과(초등학
교)와 고등과(중학교와 고등학교 과정)를 운영했다. 고등과는 최용신이 입
학한 다음 교사 증축과 더불어 1925년 6월 26일 여자고등보통학교로
인가받아 함경도 지역 최초의 여자고등보통학교가 되었다. 루씨여고
음악대는 주민들의 정서 함양을 위한 음악회를 개최하는 등 지역 문화
향상에도 노력했다. 중등 과정으로 1938년 루씨고등여학교로 개칭되
어 이때부터 '루씨고녀'로 통칭된다. 여성만을 위한 중등 교육 기관
이 드물던 일제강점기 중반부터 전국에서 명성이 높은 명문 여학교
로 발전했다. 1940년 전시 체제 강화와 더불어 학교 운영권이 일본인
에게 위임되었다. 동해 바닷가 언덕에 우뚝 솟은 서양식 교사는 원산을
자랑하는 대표적인 건축물이 되었다. 학생들은 소프트볼, 농구, 스케이
팅, 스키, 수영 등 당시 생소한 운동을 마음껏 누렸다. 자율적이고 개방
적인 교육이 향학열을 고취하는 요인으로 작용했다. 학교 상징은 '사랑,
희락, 화평, 참음, 자비, 양선(良善), 충성, 온유, 절제'를 뜻하는 9개의
포도송이다.

9월, 감리교 협성여자신학교가 창설되어 여성 목회자 배출을 위한
전당이 되다.

9월 23일(음력 8월 12일) 한국을 방문하는 미국 의원단에 한국의 독립
의지를 알리려는 제2의 원산만세운동이 일어나다. 취성학교 교사인
아버지(당시 38세)가 피체되어 심한 고문을 받은 후 석방되다.

1922년(13세)

5월, 한국 YWCA가 창설되다. YMCA는 국제위원회와 협력해 농촌 사업을 시작하다.

1923(14세)

6월, 반월공립보통학교 설립이 인가되다. 3·1운동 이후 2차 '조선교육령'에 따라 일면일교제(一面一校制)를 표방하였으나 탁상공론에 그치고 실행되지 않다. 고조된 교육열은 만성적인 입학난을 초래하는 근본적인 원인이 되다.

1924(15세)

3월, 원산 루씨여학교 보통과를 우수한 성적으로 졸업하다. 원산에서의 학창 시절이 새로움에 대한 호기심을 배가시키다.

4월, 원산 루씨여학교 고등과에 입학하다. 큰오빠, 작은오빠는 물론 두 살 위인 고모 최직순과 나이 어린 삼촌 최만희 등과 함께 두호구락부 회원으로 활동하다. 과외 활동은 사회적인 존재성과 책무를 인지하는 중요한 계기가 되다.

1925(16세)

3월, 루씨여학교 고등과 네 명의 제1회 졸업식이 거행되다. 고모 최직순은 우등으로 졸업하는 영예를 안다.

최직순(崔直順, 1906~?)은 고모로 루씨여학교 고등과를 1925년 3월에 제1회 우등으로 졸업했다. 이화여전 재학 중인 1926년 11월 정동예배당에서 "조선기독교 학생의 책임"이라는 주제로 특별 강연을 했다. 이는 최용신 집안의 신앙생활을 엿볼 수 있는 대목이다. 최용신이 협이 협성여자신학교에 입학하자 한국YWCA에서 같이 활동했다. 그녀는 최용신의 학교생활과 사회 활동을 이끌어 주는 조언자이자 든든한 후원자였다. 협성여자신학교 대표로서 하령회 참여를 적극적으로 추천한 사람은 바로 고모였다. 최직순은 농촌 봉사 활동이나 브나로도운동에도 많은 관심을 보였다. 1933년 2월에는 경성여자기독교청년회와 직업여성구락부가 개최한 직업여성 지위 향상을 위한 토론회에 연사로 참석했다. 주제는 "여성의 경제권은 가정에서 찾겠느냐? 직업에서 찾겠느냐?"였다. 연사는 모윤숙, 장금산, 박인호 등으로 열띤 논쟁을 벌였다. 이화여자고등보통학교 교사로서 학생 맹휴, 독서회를 지도하는 등 조선공산당재건운동에 참여해 많은 고초를 겪는다. 고모의 사회 활동은 최용신에게 모순된 현실을 인식하는 데 커다란 자극제였다. 최직순은 이후 미국으로 유학해 신학을 전공하는 등 세계사적 안목을 넓혔다. 유학 생활 중에도 동포 한인들 권익 옹호에 앞장섰다. 1937년 7월에 학업을 마치고 귀국하여 이화여전과 이화여대에서 교편을 잡는 등 근대 여성 교육의 보급에 남다른 관심을 보였다.

집안의 거듭된 반대에도 같은 동네에 사는 김학준과 약혼하다.

김학준(金學俊, 1912~1975)은 본명이 김학군(金學君)으로 최용신의 약혼자다. 함남 덕원군 현면 신두남리에서 아버지 김춘택과 어머니 조 씨 사이에 맏아들로 태어났다. 원산 보광학교(중학 과정 2년제 상업학교) 재학 시절에 최용신과 본격적으로 교제한다. 그는 두남교회 주일학교 회장을 맡고 최용신은 부회장으로 함께 활동했다. 1925년 최용신 집안의 반대를 무릅쓰고 두남교회에서 약혼했다. 후일 농촌계몽운동을 꿈꾸며 일본으로 유학해 도쿄 명교중학에 입학, 졸업한다. 도쿄 호세이(法政) 대학 예과와 센슈(專修) 대학 경제과를 졸업했다. 1934년 3월 최용신이 일본 나고야로 유학하자 가끔씩 만나 희망찬 미래를 설계한다. 여러 차례 결혼 요청에 최용신은 이를 거절하다가 각기병으로 학업을 중단하고 귀국해 샘골로 되돌아왔다. 1935년 1월 최용신의 장례식 당일 샘골에 도착한다.

학업을 마친 후 귀국해 함흥의 영생여자고등보통학교에 재직하다가 1938년 인근에 사는 길금복과 결혼했다. 재직 중 조선어학회 사건으로 3년간 옥고를 치렀다. 이윤재 등 동지들이 감옥에서 사망하는 등 참혹한 감옥살이를 견딘다. 8·15해방 이후에는 문교부 편수관, 성균관대·동아대·조선대 교수로 재직했다. 1960년 광주제일감리교회에 입교해 1964년 장로가 되었다. 1963년 샘골고등농민학원 이사장에 취임한 이래 1970년까지 운영하다가 1975년 3월 11일 지병으로 사망한다. 주요 저서는 『상업 경제』, 『상업 정책』, 『상업 개론』, 『경영학 총론』, 『경제학 개론』 등이 있다.

7월 18일, 루씨여고보에서 승격 기념 개교식을 거행하다.

11월 3일, 루씨여고보 승격 기념 추계운동회가 개최되다.

1926년(17세)

YWCA에서 피폐한 농촌을 되살리기 위한 농촌 사업이 본격적으로 시작되다.

1월 3일, 아버지가 강순지, 박승형, 김형준, 박문병 등과 덕원청년동맹 발기식을 취성학교에서 거행하다. 더불어 강기덕, 최길호 등과 집행위원으로 선출되다.

1월 7일, 두호구락부 제3회 정기총회에서 작은오빠와 약혼자 김학준이 체육부 간사로 선출되다. 임원진은 김주연, 서무 최창희·김우연, 체육 최시항·김학군, 문예 원기덕·최시복 등이다.

재학 중 특히 성경 과목은 매번 만점을 받는 등의 우수한 기록을 남기다. 교목 전희균은 물론이고 교사들로부터 귀여움을 독차지하다.

6월 26일, 루씨여고에서 승격 기념 학예전람회를 개최하여 성황을 이루다.

8월 2일, 덕원청년동맹이 덕원재외유학생초대회를 신축 회관에서 개최하는 등 향학열을 고취하다.

8월 9일, 덕원청년동맹이 문화 향상을 위해 관내 8개소에 순회강연을 실시하다.

1927(18세)

3월 22일, 루씨여자고등보통학교에서 졸업생 15명을 배출하다.

4월 20일, 두남리 토요회에서 취성학교 내에 부인야학회 개학식을 거행하다.

전희균(田羲均, 1890~1950)은 충남 논산 태생으로 16세에 윌리엄(Frank E. C. Williams, 1883~1962) 선교사를 만나 기독교에 입문했다. 공주 영명보통학교와 배재학당을 거쳐 감리교회 협성신학교 졸업반 때에 루씨여학교 교목이 된다. 첫 임지에서 주일에 목회를 이끄는 한편 성경과 영어를 가르쳤다. 20년 재직하는 동안 제자들 삶의 이정표, 조언자, 후원자 혹은 행동하는 기독교인으로서 이타적인 삶의 가치를 심어 주었다. 또한 중리교회 의법(懿法)청년회와 특별대강연회를 개최하는 등 기독교인의 사회적 역할을 강조했다. 그가 행한 연제는 '구사일생(九死一生)'으로 대단한 호응을 받는다. 이후에도 원산 지역에 소재한 교회와 연계한 계몽운동을 주도하는 지도자로서 부각되었다.

8월 2일, 두호구락부 주최로 덕원청년동맹 회관에서 열린 남녀 유학생 대토론회에 고모, 삼촌, 약혼자 김학준 등과 참가해 열띤 논쟁을 벌이다.

두호구락부는 덕원군 현면 청소년들을 중심으로 1923년 12월 8일에 조직된 계몽 단체다. 목적은 청년의 육체적 훈련과 교양으로서 인격

완성이다. 임원진은 위원장 김주연, 서무부 최종희·김우연·최시성, 체육부 최시항, 문예부 최시준 등이었다. 체육부 임원인 작은오빠 최시항은 단체의 중심인물로 활동했다. 두호구락부는 덕원 일대 유학생을 대상으로 하계 방학을 이용한 토론회를 정기적으로 개최했다. 연제는 '현대 문화 향상에는 설(舌)이냐? 전(錢)이냐?'였다. 가편은 이해성·김학준·김영은·박경옥, 최용신은 최만희·김충신·최직순 등과 부편에 각각 편성되었다. 이는 현안에 대한 보다 합리적인 방안을 모색하는 계기가 되었다.

11월 22일, 아버지가 신간회 덕원 지회 부회장에 피선되다. 임원진은 회장 박형석, 부회장 최창희, 서무부 송병식·김원린·강현지, 정치문화부 강기덕·김일해·강현서, 조직부 조흠석·김종국·박조산, 선전부 전창호·박제은·박승범, 재무부 홍인표·박영환·김주연, 조사연구부 유삼봉·강기남·최창문 등이다.

1928(19세)

3월 28일, 루씨여자고등보통학교를 우등으로 졸업하다. 당시 졸업생 중 박현숙·박두성·박재열 등과 함께 특출한 재원으로 소개되다.

4월 1일, 졸업 소감과 향후 진로에 대해 질문한 인터뷰 기사가 《조선일보》에 「교문에서 농촌에」라는 제목으로 게재되다.

4월, 감리교 협성여자신학교에 입학하다.

협성신학교는 감리교를 대표하는 목회자 양성을 위한 교육 기관이었다. 1907년 6월 18일 개최된 북감리교 3회 연회에서 신학교 문제가 중요한 현안으로 상정되었다. 존스 목사가 제안한 협성신학당(The Union Theological School) 설립안은 베크(S. A. Beck) 목사의 동의를 얻어 선교부로 이첩되었다. 남감리교 선교회 연회도 북감리교회와 연합해 신학당 설립을 가결했다. 가을에는 37명 신입생을 수용해 정규 신학 교육이 시작된다. 협성신학교는 1911년 서울 독립문통 서편 산록에 부지를 마련한 후 9월 27일에 개교했다. 같은 해 개교한 피어선 성경학원 신입생들과 함께 임시 교사에서 1년 2학기의 체계적인 신학 교육이 실시되었다.

남·북감리교 연합에 의한 협성신학교 설립은 한국 교회사에 중요한 의미가 있다. 첫째, 부흥운동을 통해 놀라운 성장을 이룩한 감리교회가 교역자 양성을 통한 제도적인 기틀을 마련한 점이다. 둘째, 협성신학교에서 교과 과정의 형식을 갖춘 신학 교육을 실시하게 된 사실이다. 1911년 제1회 졸업생 45명을 배출한 이래 우수한 감리교의 교역자들을 양성하는 교육 기관으로 자리매김했다. 1915년 서울 냉천동의 신학교 대지 위에 신축한 본관, 기숙사, 부속 건물, 교수 사택 등은 최신식 교육 시설이다. 수업 연한을 3년으로 정하고 본과와 별과 외에 영문과와 문과도 병설해 균형 잡힌 신학 교육이 실시되었다. 셋째, 신학 교육을 연합으로 실시함으로써 조성된 협력 분위기는 1930년 남·북감리교회가 통합하는 계기가 된다. 마지막으로 협성신학교 설립은 한국 감리교 신학의 기틀을 다지는 기회를 제공했다.

감리교회의 변화는 신학교가 신학적으로 열린 자세를 취하는 계기가 되었다. 신학교는 놀라운 발전과 아울러 신학과 여성 안수에 문호를 개방했다. 이전까지 견지해 오던 남감리교의 보수적인 복음주의 전통에서 벗어나 신학적 개방성에 공동 보조를 취하게 되었다. 1929년 협성신학교와 별도로 운영해 오던 여자신학교를 합해 감리교신학교를 태동시켰다. 신학 교육 강화를 위해 학제도 3년에서 4년으로 개편된다. 1930년부터 감리교신학교 시대가 출범한다. 1935년 빌링스 교장이 예과 2년, 본과 3년의 5년 학제로 신학교를 개편하는 등 신학 교육의 내실을 기했다. 1937년 중일전쟁으로 신학교에 대한 탄압이 계속되면서 1940년 10월 3일 당국의 압력으로 무기 휴교를 선언해 감리교신학교는 새로 개편된 지 10년 만에 폐교되었다.

12월, 협성 남녀 신학교를 통합하기로 결정되다.

1929년(20세)

2월, 천곡엡윗(의법)청년회에서 금주단연운동을 전개하다.

3월 20일, 루씨여고보 제3회 졸업식을 거행하다. 졸업생 17명 중 10명이 상급 학교로 진학하다.

밀러 전도사가 샘골교회에 강습소를 설립하다. 장명덕 전도사가 선교와 야학 교사로 활동하는 등 밀러를 돕다.

밀러(Lula A. Miller)는 감리교 수원 구역 전도사였다. YWCA에 샘골강습소의 인수를 건의하고 장명덕을 책임자로 파견했다. 1901년 한국에 와서 1907년 수원 삼일여학교(현 매향여자정보고등학교와 매향중학교 전신) 교장에 취임했다. 학교를 신축하고 애국지사 김세환을 학감으로 초빙하는 등 교육 내실화를 도모했다. 3·1운동 지원에도 남다른 관심을 보였다. 1924년 수원 일대 농촌 교회에 문맹 퇴치를 위한 강습소를 세웠다. 그의 요청으로 최용신이 샘골강습소에 파견된다.

장명덕(張明德, 1901~1990)은 부천 소래면 무지리에서 1남 3녀 중 막내로 태어났다. 기독교계 인천 영화여학교에서 교육을 받고 1916년 졸업했다. 결혼 후 1922년 협성여자신학교에 입학해 신학 공부에 열중했다. 1925년 협성여자신학교를 졸업한 최용신의 선배다. 삼일여학교 교장 밀러의 요청으로 성경 교사로 재직했다. 1929년 샘골강습소 개원에 즈음해 장명덕이 운영 책임자로 파견되었다. 최용신의 부임과 동시에 열정적인 활동과 정성으로 샘골강습소에 대해 주민들로부터 대단한 호응을 얻는다. 최용신을 열성적으로 도우면서 수시로 강단에 세워 설교와 아울러 심방을 같이 다니는 등 활동 영역을 넓히는 데 도움을 주었다. 상호 간 좋은 친구이자 모범적인 본보기가 되었다. "교회 언덕 밑에는 전재풍 목사님이 사셨고 최용신 선생과 나는 한집에 살았다. 최 선생은 안방, 나는 건넌방을 썼다. 최 선생이 병석에 눕게 되어 도맡아 간호했다. 의사의 지시에 따라 겨우 소변을 보게 한 적도 있었다." "무지리교회의 사경회에 참석했다가 비보를 듣고 수원 도립병원으로 달려갔다. 그렇게 빨리 갈 줄 몰랐다."라며 최용신의 사망에 아쉬움을 표했다. 장명덕의 헌신적인 지원은 최용신의 농촌계몽운동 활성화와 내실화로 귀결되는 밑거름이 되었다.

3월, 조선남녀학생기독교청년회 하령회 준비 및 회장협의회에 전정 길과 함께 협성여자신학교의 대표로 참가하다. 협성신학교에 농촌운동을 위한 농촌 지도 사업 서클이 조직되다.

3월 30일, 취성학교와 덕명학교가 합병해 5월 1일 덕성보통학교로 인가되다.

4월 4일, 취성학교 창립 30주년 기념식을 거행하다. 교사와 교장으로 재직한 큰아버지 최중희와 아버지 최창희 등이 공로자 표창을 받다.

7월, YWCA 제7회 정기 대회에 협성여자신학교 대표로 참가하다.

8월, 황해도 수안군 천곡면 용현리에 김노득 등 학우들과 함께 제1차 농촌하계봉사실습에 참가하다. 서울로 돌아와 3개월 후 김노득은 학업을 포기한 채로 현지에 다시 가서 전도 활동과 계몽 활동을 병행하다. 이러한 노력이 문맹 퇴치는 물론 농가 소득 증대와 더불어 문화 향상을 일구는 밑거름이 되다.

1930(21세)

여름, 신학교 동료들과 한글보급운동에 동참하다. 조선일보사와 동아일보사가 농촌계몽운동의 일환으로 이를 추진하다. 학생들은 여름 방학을 이용해 적극적으로 참여하는 분위기다. 성공적인 미담 사례를 지속적으로 보도하는 등 지원과 찬사를 보내다. 농촌진흥운동과 만주사변 등 일제의 대륙 침략 전쟁이 본격화되는 1930년대 중반 이후 탄압으로 좌절되다.

1931(22세)

4월, 교내 학생운동을 주도하다. 교장 케이블(Rev. E. M. Cable, 奇怡富, 1875~1945)이 기도 시간에 늦게 들어오는 학생을 파악하고자 눈을 뜨고 기도하는 데 분개한 학생들이 부당함을 지적, 시정을 요구하다. 이 문제로 교장이 연희전문학교로 옮겨 가고 최용신은 주동자로 지목되어 처벌을 받다.

8월, 강원도 통천군 답전면 포항리 옥명학원으로 농촌 봉사 활동에 참가해 100원에 상당하는 풍금을 기증하다.

10월 11일, 협성신학교 교수인 황에스터의 추천으로 경기도 수원군 반월면 샘골에 YWCA 농촌지도사로 도착하다. 황에스터와 김활란이 현지까지 동행하는 등 격려를 아끼지 않다.

샘골교회는 1907년 홍원삼, 홍순호 목사에 의해 설립되었다. 강습소는 밀러 전도사와 장명덕 전도사가 파견된 1929년부터 운영된다. 전도 사업으로 바쁜 나날을 보내던 밀러를 대신해 전도사를 겸임하는 농촌지도사로 파견된 최용신에 의해 널리 알려졌다.

1932(23세)

1월, 큰오빠 최시풍이 일본 고베에서 문종수, 추병렬 등과 고베 교회 부속인 유치원 교사로 활동하다. 또한 교토 인류애서회와 함께 이주 한인 이재민 구제에 나서다.

장명덕 전도사가 둔대교회 학원 교사를 사임하고 천곡교회 전도사로 부임하다.

5월, 샘골강습소 설립인가(원장 김순봉)를 받다.

7월 21일, YWCA 제9회 정기 대회에서 문맹 퇴치 사업 발전과 농촌계몽 활동 증진을 위한 방안을 보고하다.

8월 10~30일, 제2회 브나로드운동이 반월면 초평리에서 실시되다. 3개소로 나누어 실시해 150명 중 남자 50명과 여자 20명이 문자를 해득하는 결과를 거두다.

9월, 샘골강습소 증축을 위한 건축발기회를 조직하다. 추석놀이로 주민들로부터 열렬한 지지를 이끌어 내다. 강습생의 활달한 동작과 자신감에 넘치는 표정이 탄성을 자아내다. 각자 능력에 따라 자금이나 노동력을 제공하는 등 강습소 증축 공사장이 사회적인 존재성과 책무를 일깨우는 현장이 되다.

지주이자 기독교인 박용덕이 천곡강습소 부지로 1052평에 달하는 토지를 기부하다. 기독교조선감리회 총이사 양주삼은 표창장을 수여하는 등 농촌계몽운동 후원에 대한 감사를 표하다.

9월, 황종우(黃鍾宇)가 샘골강습소 교사로 부임하다. 황종우는 1916년 8월 27일 경기도 평택군 현덕면 도대리에서 부잣집 아들로 태어났다. 아버지가 위폐범으로 몰려 일가족이 강원도 홍천군 내촌면 물걸리로 피신한다. 이곳에서 열성적인 신앙생활로 감리교에 입교한 아버지는 권사가 된다. 고향 부근인 샘골로 이사한 후 군포고등보통학교를 졸업하고 1933년 12월 샘골강습소 명예 교사로 활동했다. 당시 상황을 "심훈이 쓴 실화 소설 『상록수』의 주인공 고 최용신 선생과 함께 브나로드운동을 실천하기 위해 열심히 뛰어다닌다. 시대 첨병으로 횃불을 높이 들어 생명 내던져 뛰어다녔던 그 시대를 회고하면 지금도 감개무량함을 느끼곤 한다."라고 회고했다. 샘골강습소의 교육 내실화를 도모하는 데 열성을 다하는 든든한 후원자로 자리매김했다.

10월 8일, 사리교회가 천곡교회로 명칭이 변경되다.

10월 27일, 인근 각지에서 주민들이 인산인해를 이룬 가운데 샘골강습소 정초식을 거행하다. 이후 주민들의 자발적 참여와 경제적 후원으로 신축 교사를 완성하다.

1933년(24세)

1월 15일, 신축한 샘골강습소 낙성식을 거행하다. 일제가 학생 정원 수를 60명으로 제한을 통보하는 등 활동에 제약을 가하다.

수원군 매송면에 야목리강습소를 설립, 운영하다. 야목리에 거주하는 청년들이 최용신을 찾아와 무산 아동 구제를 위한 강습소 설립을 요청하다. 이후 수원농림고등학교 학생들은 농촌계몽운동의 일환으로 이곳에 대한 경제적인 후원과 지원을 아끼지 않다.

YWCA에서 샘골강습소에 보조금을 절반으로 삭감한다는 입장을 밝히다. 원산에 있는 루씨여자보통학교와 광명보통학교에 대해 여선교부에서 지원 중단을 선언하다. 이는 주민들의 열성으로 재정적인 기반을 확충하는 등 교육적인 내실화를 도모하는 계기가 되다.

1934년(25세)

2월, 샘골교회에 전재풍 목사가 부임하다. 부인 김복희가 샘골강습소 교사로서 열성적으로 헌신하다. 이후 최용신의 동생 최용경 등이 부임해 교육 내실화에 많은 도움이 되다.

3월, 샘골강습소 1회 졸업식이 거행되다. 수료생 박문성 외에 9명을 배출함으로써 교육적인 첫 결실을 거두다.

3월, 일본 고베로 유학길에 오르다. 고베여자신학교 사회사업과에 청강생으로 입학이 허가되다. 향후 농촌계몽운동을 보다 체계적이고 능률적으로 진행하기 위해 중장기적인 원대한 계획을 세우다.

고베여자신학교(현 세화대학(聖和大學))는 1981년부터 사용된 학교명이다. 고베여자전도대학(1880), 고베 부인전도대학(1888)과 히로시마

여학교(1895)가 1921년 통합된 람바스 여학원과 합쳐 1941년 세화 여자학원이 된다. 세화여자단기대학(1950), 세화여자대학(1964) 등을 거쳐 오늘에 이르고 있다. 교육 목표는 이른바 3H로, '수준이 높은 학문을 연구하고(Head), 그리스도의 사랑이 넘치는 마음을 기르고(Heart), 심신의 건강을 기른다(Health).'라는 의미다. 모든 것은 그리스도를 위함이라는 건학 정신에 있다.

유학 중 큰오빠 시풍, 동생 용경과 오랜만에 만나는 재회의 기쁨을 누리다. 약혼자 김학준도 고베로 와서 두 사람의 애정을 다시 확인하는 계기가 된다. 행복하고 즐거운 나날이 영원하리라 기대감에 부풀다. 그리고 1935년 봄에 결혼과 함께 새로운 농촌계몽운동을 전개하기로 굳은 언약을 하다.

4월 27일, 고베여자신학교 전도부 주최 신입생 감화발표회에 참가해 자신의 입장을 밝히다. 주요 내용은 다음과 같다. '나는 조선에서 신학교를 다니다가 사명감에 불타 농촌 전도에 들어갔는데, 그 사명을 다하기 위해 더 배우지 않으면 안 된다고 생각했다. 학교에 다시 들어오고보니 그 희망이 이뤄져 지금 매우 기쁘다.' 동료들과 양로원을 방문하는 등 봉사 활동에 적극 참여하다.

4월, 협성여자신학교 친구인 윤홍림이 야목리강습소에 부임하다. 강습소 주요 교과목은 성경, 음악, 동화, 역사, 한글, 위생, 체조 등이다. 부설로 하기아동성경학교를 운영해 60여 명에게 근대 교육의 수혜를 제공하다.

7월 20일, 고베여자신학교 교지인 《푸른하늘》에 유학 생활 당시 감상문인 「나의 소감」을 투고하다. 일본인에게 세계를 형제같이 사랑해야 한다는 사해동포적 사랑을 권하다. 즉 한국에 대한 편협한 차별 대신에 기독교의 넓은 사랑을 강조하다.

7월, 각기병이 발병함에도 학문적인 열정을 불사르다. 건강 상태 악화로 더 이상 학업을 계속할 수 없는 상태에 이르다.

9월, 오빠와 약혼자 등 주위 사람들의 권유로 학업을 중단한 채 귀국길에 오르다. 곧바로 샘골에 돌아오다. 주민들의 정성스러운 간호로 어느 정도 건강이 회복되자 이전보다 더욱 열성적으로 온몸을 던지다.

9월, 조선YWCA에서 샘골강습소에 대한 지원 중단을 선언하다. 주민들과 강습소 유지를 위한 대안 모색에 몰두하다.

10월, 잡지 《여론》 제2호에 「농민의 하소연」을 발표하다. 애타는 호소에도 그 의도와 달리 경제적인 지원은 거의 이루어지지 않다. 사회적인 무관심에 의한 강습소의 존폐 문제로 심한 비애와 함께 좌절을 느끼다.

10월 20일, 반월공립보통학교 6년제 승격을 위한 면민 대회가 개최되다. 면장을 비롯한 유지, 신사는 관계 당국에 진정서 제출과 아울러 기부금 모금에 나서다.

기독교인으로 문둥병 환자와 거리의 걸인을 보호하다가 사망한 '거리의 성자' 방애인의 삶이 조명되다. 전주 서문교회 배은희 목사가 『조선 성자 방애인 소전』을 발간하다. 이는 이후 『최용신 소전』을 발간하는 중요한 계기로 작용하다. 『방애인 소전』이 다음 기사에서 볼 수 있듯이 교양인이나 개신교인들의 필독서가 되다.

◇"서적의 발행은 그 수효를 헤아릴 수없이 늘어 간다. 그중에 우리가 반드시 읽어야 할 책이 많지만 어떤 것은 사회에 해독을 끼치는 것도 적지 않다. 그러므로 그 내용을 잘 알아보고 독서하는 것이 가장 필요하다. 과학의 지식을 전하야 주는 것도 읽고 연구하여야 하겠지만 고상한 인격의 도야를 목적하는 청년들은 수양 서적을 먼저 탐독하여야 하겠다. 그런데 우리 교계에 이러한 책을 우리글로 발간한 것이 퍽도 부족하다. 그뿐만 아니라 우리의 신앙을 도웁고 큰 감화를 일으키는 신앙생활을 한 사람의 실기는 참 귀하다.

교훈, 시가, 소설이 다 필요하지만 성도(聖徒)의 행한 산 기록은 우리의 마음을 새롭게 한다. 더구나 우리가 친히 보고 듣고 접촉할 수 있는 동포 형제자매의 실생활을 기록해 우리 환경에 적절한 참고와 암시를 주어 독자로 하여금 새 충동과 새 결심을 갖게 하고 그로 말미암아 하나님께 몸을 바치어 예수를 따라 사회의 봉사할 수 있게 된다면 이는 보화보다 귀한 것이다.

이에 내가 받은바 감격과 은혜를 여러분께 소개해 같이 기뻐하려 하는 것은 『조선 성자 방애인 소전』이라는 귀한 책이다. 이 소전은 부흥목사로 유명한 배은희 목사의 친히 보시고 당하신 감격에 넘치는 필법으로 쓰여 세상에 나온 지 불과 월여에 수천 권이 다 팔리고 이어서 재판, 3판, 4판이 우리 반도 강산에 퍼지게 되자 갈수록 이 글을 읽고자 하는 인사가 더해 우리 출판계에 특별한 기록이라고 할 만치 제5판을 1년 동안에 발행하게 되고 어떤 교회에서는 전도용으로 수백 권씩 주문하는 곳도 있다.

이는 하나님의 축복인 동시에 고 방애인 양의 십자가를 지고 주님을 진실하게 따라간 성자적 산 기록이요, 우리 사회에서 예수의 교훈을 생활화해 방 양과 같이 자기를 희생하여서 남을 살리는 참그리스도인을 절실하게 요구하는 까닭이다. 뿐만 아니라 그의 끓어오르는 진정한 생활은 독자로 하여금 머리를 숙여 과거를 회개하고 새 결심을 하게 한 것이다. 나 역시 이 책을 때때로 다시 읽어 신앙생활에 힘을 얻고자 10여 번을 거듭하였으니 아마 성경 다음으로 여러 번 읽은 책이다. 그러므로 이 책의 5판 발행을 축하하는 동시에 아울러 또 판을 거듭해 2000만뿐만 아니라 사해에 널리 퍼지기를 기도한다. 책값은 우료 병(幷)해 20전이요, 서울조선예수교서회에서 판다."(「헌신 봉사의 실기(實記)『방애인 소전』제5판을 읽고, 무화과생」,《기독신보》)

늦가을부터 가끔 복통을 느끼다. 정양을 위해 휴식을 권유하는 주위 사람들의 충고에도 아랑곳하지 않고 더욱 정진하다.

1935(26세)

1월, 강의에 매진하는 중 자주 심한 복통으로 피곤함을 느끼다. 주민들이 정성스럽게 마련한 여러 한약도 효험을 보지 못하고 거의 자신조차 가누기 어렵게 되다. 그럴 때마다 기도로 건강을 기원하다.

1월, 마침내 수원 도립병원에 입원하여 집도 의사 김하등에 의해 두 차례에 걸친 대수술을 받다. 작은오빠 시항과 사촌 오빠 시복 등이 달려와서 수혈하다. 창자를 잘라 내고 다시 잇는 대수술을 하였으나 염원과 달리 결과는 좋지 않다. 고열과 지독한 고통에 시달리면서 혼절을 거듭하는 안타까운 상황에 직면하다.

1월 20일, 사경에 직면하자 이곳을 방문한 은사 황에스터가 이를 알고 약혼자와 가족, 친지 등에게 전보로 알리다.

1월 23일, 0시 20분 제자와 주민들의 오열 속 도립병원에서 서거하다. 자신의 짧은 생애를 반추하면서 남은 이들을 위한 유언을 남기다.

1월 23일, 사망 직후 신간회 수원 지회 부회장을 역임한 염석주 등 수원 지역 활동가와 반월 지역 주민들로 장례위원회가 구성되다. 청년회는 자발적으로 참여해 자기 역할을 다하다. 운구조는 다음 날 수원에 있는 도립병원을 향해 출발하는 한편 나머지는 장례식 준비에 만전을 기하다.

1월 25일, 샘골교회와 샘골강습소 연합인 사회장이 거행되다. 장례식은 전재풍 목사의 집례, 장명덕 전도사의 기도, 학생들의 조가, YWCA 대표 홍에스터의 조사 순서로 진행되다. 참석 인원이 1000여 명에 달할 만큼 지역사회의 큰 관심사가 되다.

염석주(廉錫柱, 1895~1944)는 수원 지역을 대표하는 사회활동가로 율전동 출신이다. 신간회 수원 지회 부회장을 역임하고 막고지에서 정미업과 목축업을 한 재산가다. 수원 삼일학교에도 매년 100원씩 기부할 정도로 교육 사업과 자선 사업에 남달리 적극적이었다. 중국 동북 헤이룽장성 오상 충하진에 90만 평의 추공농장을 만들어 율전리 주민 100여 명을 이주시켰다. 샘골강습소 건립비 일부를 지원했다. 최용신의 장례식을 지역민을 통합하는 사회장으로 기획해 민족운동으로 승화시키는 계기가 된다. 최용신 사후에는 학원 이사장을 맡아 최용경과 함께 샘골강습소를 운영하는 데 앞장섰다. 전재풍 목사와 절친한 사이로 1944년 검거되어 동대문경찰서에서 18일간 취조를 받고 적십자병원에서 치료 중 사망한다. 최용신과 함께 샘골강습소를 운영, 유지하는 데 가장 노력을 기울인 공로자 중 한 사람이다.

1월 27일, 《조선중앙일보》에 최용신의 사망 소식이 게재되다.

3월 2~4일, 《조선중앙일보》에 3회에 걸쳐 「썩은 한 개의 밀알, 브나로드의 선구자 고 최용신 양 일생: 인텔리 여성들아 여기에 한번 눈을 던지라」가 연재되다.

3월 20일, 샘골강습소 제2회 졸업식을 거행하다.

5월, 《신가정》에 「영원불멸의 명주, 고 최용신 양의 밟아 온 업적의 길, 천곡학원을 찾아서」가 게재되다.

5월, 노천명이 잡지 《중앙》에 「샘골의 천사 최용신 양의 반생」이라는 추모의 글을 투고하다.

루씨여학교 창립 33주년 및 루씨여자고등보통학교 승격 10주년 기념식이 거행되다.

6월 19일, 신천 사람 강승한이 「조시(弔詩): 최용신 여사 영전에 바침」
을《기독신보》에 투고하다.

8월,《동아일보》창간 15주년 즈음해 심훈의 소설『상록수』가 채택되
다. 9월 10일부터 1936년 2월 13일까지 127회에 걸쳐《동아일보》에
연재되다. 이를 저본으로 소설『상록수』가 탄생하다.

1936년(사후 1년)

3월, 고려영화사에서『상록수』를 영화로 만들기 위한 작업을 시작하다.
특별 출연은 심영(청춘좌 전속), 이금룡·윤봉춘·안정옥 외 신인 수십 명,
진행은 박창혁, 촬영 개시일은 4월 초순부터라고 공고하다. 계획과 달
리 자금난과 일제의 탄압 등으로 실행되지 못하다.

3월, 천곡학원 제3회 졸업식이 거행되다(신필남 외 미상).

7월, 수원군청에서 천곡강습소에 폐쇄 명령을 내리다.

YWCA에서 비석을 세워 YWCA 정신의 실천자 농촌사업가의 산증인
으로 최용신을 기리고 사업과 정신을 계승하기 위한 결정을 총회에서
채택하다.

1937년(사후 2년)

3월, 제4회 천곡학원 졸업식을 거행하다(주병수 외 3명).

1938년(사후 3년)

5월 26일, 루씨여고에서 개교 35주년 기념식이 거행되다. 당시까지
배출한 졸업생이 1200여 명에 달하는 등 관북 지방을 대표하는 여성

교육 기관으로 발전을 거듭하다.

5월, 작가 박승극이 염석주의 안내를 받아 천곡을 방문하다. 이후 당시 느낌이나 최용신의 활약상을 '천곡 방문기'라는 제목으로 수필집『다여집(多餘集)』에 수록해 금성서원에서 발간하다.

박승극 방문 당시 동생 최용경이 이곳에 재직 중일 때 최용신의 어머니가 방문하다.

1939년(사후 4년)

1월, 김교신이 최용신의 생애를 조명하기 위한 본격적인 전기 발간에 착수하다. 이전부터 관련 자료나 친인척이 소장한 사진, 일기류와 면담 등에서 수집된 자료를 바탕으로 사실적인 인생 역정과 아울러 민족정신을 선양하는 데 중점을 두다. 당시 개성 호수돈여자고등보통학교 교사 류달영이 집필을 맡다.

김교신(金敎臣, 1901~1945)은 함경남도 함흥 사포리에서 출생했다. 1916년 함흥공립보통학교를 졸업하고 1919년 일본 도쿄 세이소쿠(正則) 영어학교에서 수학한 후 1927년 도쿄 고등사범학교 이과를 졸업했다. 귀국해 함흥 영생고등보통학교에서 교편을 잡으며 '기독교적 민족의식' 고취에 앞장섰다. 무교회주의 제창자인 우치무라 간조(內村鑑三) 문하생인 함석헌, 송두용, 정상훈, 유석동, 양인성 등과《성서조선》을 동인지로 발간한다. 1928년 서울 양정고등학교로 전근해 남강 이승훈과 교류했다. 기독교 원로인 김정식, 오산고보 교장을 지낸 류영모, 창조적 개척 정신을 청년에게 심어 준 김주항, 일본인으로 전쟁 중 도쿄 대학에서 추방당했다가 해방 이후 도쿄 대학의 총장이 된 야나이하라 타다오(矢內原忠雄) 등과 긴밀한 교분을 맺었다. 1930년《성서조선》제16호부터 책임 편집 간행을 담당했다. 서울에서 경성성서연구회를 개최한 이래 매년 일주일간의 동기(겨울)성서집회와 함께 10여

년간을 계속했다. 함석헌의『성서적 입장에서 본 조선 역사』도 이런 집회에서 집중적으로 발표, 논의된 내용이다.

제자 류달영이『농촌계몽운동의 선구 여성 최용신 소전』을 집필해 각지에 보급하도록 남다른 노력을 기울였다. 실천적인 '기독교인상'을 정립하는 데 선구적인 혜안을 발휘한다. 1942년《성서조선》권두문「조와(弔蛙)」가 발단이 되어 '성서조선 사건'으로 전국 수백 구독자들과 검거되어 옥고를 겪었다. 1944년 함경남도 흥남 일본질소비료회사에 입사해 강제 징용당한 5000명 한국인 노무자 대우 개선에 노력하다가 이듬해 4월 발진티푸스에 감염되어 갑자기 사망했다.

류달영이『농촌계몽의 선구여성 최용신 소전』을 성서조선사에서 발간하다.

류달영(柳達永, 1911~2004)은 경기도 이천 태생이다. 1933년 양정고등보통학교와 1936년 수원농림고등학교를 졸업한 후 개성 호수돈 여자고등보통학교 교사로 재직했다. 그는 식민지 시기 여학생들의 민족의식을 일깨우는 데 남다른 관심을 보였다. "무감독 시험"을 주장하는 등 학생들에게 주인 의식과 양심적인 행동을 강조했다. 1956년 미국 미네소타 대학으로 유학한 후 귀국해 1959년부터 1979년까지 서울대학교 농과대학 원예학 교수로 재직한다. 1972년 건국대학교에서 명예 농학박사 학위를 받았다. 5·16군사쿠데타 직후에는 국가재건국민운동 본부장으로 취임해 농촌 경제 살리기에 진력을 기울였다. 1970년「새 역사 창조」라는 강연으로 새마을 지도자들의 의식 개혁에 크게 공헌했다.

1930년대 수원농림고등학교 재학 당시에는 최용신의 농촌계몽운동에 대한 지원에 앞장섰다. 최용신 사후에는 양정고등보통학교 은사인 김교신의 권유로『농촌계몽의 선구여성 최용신 소전』을 집필해 많은 사람들에게 깊은 감명을 주었다. 해방 이후 지속적인 활동을 통해 상록수 정신 함양에 크게 이바지했다.

김교신이 루씨여자고등보통학교에『최용신 소전』30부를 우송하다.

1940(사후 5년)

3월, 경영난으로 천곡강습소가 폐쇄되다.

1942(사후 7년)

『최용신 소전』이 '불온서적'으로 판매 금지를 당하다.

1944(사후 9년)

최용신 농촌계몽운동의 적극적인 지원자이자 든든한 후원자 염석주가
사망하다.

1949년(사후 14년)

4월, 원작『상록수』가 극작가 김영수에 의해 각색되어 연극으로 공연
되다.

1951년(사후 16년)

1월, 샘골교회가 6·25전쟁 당시 폭격으로 파괴되다.

1954년(사후 19년)

3월, 천곡이 신생활 '모범부락'으로 선정되다.

1956년(사후 21년)

류달영이 『최용신 양의 생애, 농촌계몽의 선봉』을 출판하다.

"류달영의 저서인 『최용신 양의 생애: 농촌계몽의 선봉』이 출판된 일은 우리에게 비상한 관심을 일으켜 준다. 이미 세상에 널리 알려져 있는 고 심훈 작 『상록수』의 여주인공이 바로 최용신 양이고 보면 독자의 관심은 배가될 수밖에 없는 것이다.

최 양은 일찍 내가 교편을 잡았던 원산 루씨여고 졸업생이요, 내가 재직시에 그의 초상을 예배당에 걸고 찬양하던 기억도 새로워서 감명 깊은 일이거니와 또 이 책의 서문을 쓰신 고 김교신 선생은 나의 은사이시고 보니 개인적으로도 이만저만 반가운 일이 아닌 데다가 이 책이 지닌 객관적 사실과 가치를 생각할 때 더욱 고마운 일이 아닐 수 없다. 오늘날 우리에게 절실히 요청되는 것은 백만 인의 구호보다 한 사람의 꾸준한 실천이라고 하겠다. 저 밑바닥에서부터 누가 알아주거나 몰라주거나 간에 신념을 실천하는 모습만이 고귀하다 할 것이다. 일제의 눌림 속에서 보아 극빈한 농촌계몽을 위해 꽃다운 청춘을 바친 최 양의 생애에서 오늘날 우리가 가진 태만과 냉담과 무성실을 반성함이 있을 것이다. 일반인은 물론 특히 젊은 학도에게 권하고 싶은 양서이다."(임옥인)

1960년(사후 25년)

3월 10일, 천곡학원이 샘골고등농민학원으로 이름을 바꾸어 개교하다.(초대원장 홍천유)

1961년(사후 26년)

9월, 『상록수』를 토대로 신상옥 감독에 의해 영화가 상영되다. 주연은 최은희와 신영균이다.

1962년(사후 27년)

김학준이 샘골고등농민학원 이사장으로 취임해 농촌 경제 등 소득 증대를 위한 활동과 최용신 정신 계승을 위해 노력하다.

2월 24일, 공보부 문화선전국에서 각 지방 상록수에 '향토문화공로상'을 제정, 수여하기로 결정하다.

3월, 샘골고등농민학교 제1회 졸업생이 배출되다(이광분 외 26명).

4월, YMCA와 고등농민학교가 자매결연을 하다.

7월, 유적지에서 국제청소년캠프를 개최하다(11개국 90명의 청소년 참가)

9월 1일, 농어촌과 도시민의 건전한 오락 문화와 교양 함양을 위한 월간지《상록수》가 발간되다.

1963년(사후 28년)

1월 1일, 담배 '상록수' 판매를 시작하다. 이는 군사 정변 이후 전매 수입 확대를 통한 경제 개발 기금을 조성하려는 의도다.

1964년(사후 29년)

한국여성단체협의회에서 용신봉사상을 제정해 제1회 시상식이 거행되다.

1969년(사후 34년)

샘골교회가 루씨동창회와 샘골고등농민학교 인가를 추진하다가 실패하다. 학원 운영 사업이 루씨동창회로 이관되다.

1970년 (사후 35년)

샘골고등농민학원이 상록재건중학으로 이름을 바꾸다.

3월, 샘골고등농민학원이 운영난으로 폐교되다.(제9회 졸업생이자 상록 재건중학 제1회 졸업생 11명을 마지막이자 처음으로 배출하다.)

류달영이 『눈 속에서 잎 피는 나무』를 중앙출판공사에서 발간하다.

1974년 (사후 39년)

4월 26일, 루씨동창회 100여 명이 샘골을 방문하다.

6월 12일, 최직순 고모이자 동문 주도로 서울 종묘에서 루씨상록학 원 건립을 위한 모금을 시작하다.

11월 29일, 루씨동창회에서 최용신을 기리는 기념비를 건립하다.

1975년 (사후 40년)

3월 11일, 약혼자였던 김학준 장로가 64세로 사망하다.

1976년 (사후 41년)

9월 28일, 루씨상록회관을 건립하다(고모 최직순 등 루씨동문회 기금 모금).

1978년 (사후 43년)

임권택 감독의 영화 「상록수」가 다시 제작되다(주연 한혜숙, 김희라).

해당화유치원(이후 루씨새마을유아원) 개원으로 교육 사업을 계승하다.

반월 지구 유적 발굴 조사에 착수하나 최용신 유적지는 제외되다.

1984년(사후 49년)

4월 13일, 반월출장소에 의해 반월문화재발굴위원회가 설치되다.

1985년(사후 50년)

김응수 화백이 최용신과 샘골강습소를 그리다.

1988년(사후 53년)

10월 25일, 과천-안산 수도권 광역 지하철 개통으로 상록수역이 생기다.

1990년(사후 55년)

안산시에서 최용신봉사상을 제정하다.

1991년(사후 56년)

3월 11일, 홍석창 목사가 『상록수 농촌사랑』을 기독교문사에서 발행하다.

11월 2일, 최용신 묘소를 안산시에서 향토유적 제18호로 지정하다.

1993년(사후 58년)

안산시에서 상록수공원 향토보호구역 지정을 고시하다.

1994년(사후 59년)

5월 4일, 상록수 유적화 범시민 공청회를 개최하다.

상록수공원이 조성되다.

11월 28일, 국가보훈처에 독립유공자 추서를 신청하다.

1995년(사후 60년)

8월 15일, 광복 50주년 기념에 즈음하여 정부로부터 건국훈장 애족장이 추서되다. 현재 훈장은 최용신기념관에 보관 중이다.

1999년(사후 64년)

최용신 선생 유물 전시실을 개관하다.

2000년(사후 65년)

사단법인 최용신선생기념사업회가 발족하다.

2001년(사후 66년)

2월, 문화관광부에서 이달의 문화인물로 선정하다. 학술회 개최로 최용신에 대한 다양한 삶의 궤적과 향후 과제 등을 밝히다. 2월 20일, 감리교신학대학에서 최용신에게 명예 졸업장을 수여하다.

2004년(사후 69년)

8월 15일, 최용신의 활동을 널리 알린 류달영에게 독립유공자로 건국포장이 추서되다. 제자인 고 홍석필이 최용신기념관 건립을 위해 1억 5000만 원을 기부하다.

2005년(사후 70년)

1월, 국가보훈처와 독립기념관이 주관한 이달의 독립운동가로 선정되어 유훈비가 건립되다.
1월, 이달의 독립운동가로 선정되다. 대한민국 순국선열유족회 주최로 서대문형무소 강연장에서 강연회와 특별전시회를 개최하다.

2007년(사후 72년)

11월 20일, 안산시 상록구 본오동 상록공원 내에 한옥 양식인 최용신기념관이 개관하다(1층 전시관 및 학술회의실과 2층 교육실 및 사무실).

최용신기념관이 독립운동사적지로 등록되다.

2008년(사후 73년)

3월, 한글 교육과 문맹 퇴치의 중요성을 강조하고 다문화 시대에 부응하는 일환으로 '옛 교과서' 작은 전시회를 개최하다.

6월, 국가보훈처에서 최용신기념관을 현충시설로 지정하다.

2009(사후 74년, 탄생 100주년)

8월, 최용신 탄생 100주년을 기념하는 안산문화예술의전당에서 기념 음악회를 개최하다.

8월 15일, 안산 시민과 함께하는 휴식처 및 포토존을 설치하는 등 최용신 거리를 조성하다.

9월, 다문화 가정 어린이를 위한 교육 프로그램을 시작하다.

10월 16일, 최용신 탄생 100주년에 즈음한 국제학술회의가 한국언론진흥재단 국제회의장(20층)에서 개최되다. 이는 베트남, 중국조선족, 우즈베키스탄 등 다양한 사례를 통해 최용신의 이상향을 재조명하는 계회가 되다. 21세기 다문화 시대에 부응한 안산 시민의 자긍심과 정체성 정립을 위한 시금으로서 의미를 지니다.

12월 30일, 국제학술회의를 정리한 『최용신, 기억 속에서 아시아로 걸어 나오다』가 발간되다.

2010년(사후 75년)

2월 28일, 평전 『어리석은 선구자 최용신』(서병욱 저), 최용신 스토리텔링 『내 몸뚱이는 샘골과 조선을 위한 것이다』(윤유석 저) 등이 발간되다.

6월 15일, 홍석창 목사가『최용신과 샘골마을 사람들』을 발간하다.

8월 12일, 안산 시민과 함께하는 휴식처 및 포토존 '최용신 이야기 속을 거닐다'를 표방한 최용신 거리가 조성되다.

8월 15일, 김교신에게 독립유공자로 건국포장이 추서되다.

2013년(사후 78년)

11월 29일, 제1회 최용신학술심포지엄이 개최되어 이후 매년 진행하는 정기 학술 대회로 자리매김하다.

2015년(사후 80년)

4월, 안창호, 조만식 등과 함께 이달의 스승 12인에 선정되다.

11월 2일, 평전『최용신과 샘골마을 사람들 2』(홍석창)가 발간되다.

12월 30일, 평전『최용신, 소통으로 이상촌을 꿈꾸다』(김형목)가 발간되다.

2016년(사후 81년)

12월 28일, 평전『샘골 사람들, 최용신을 말하다』(윤유석)가 발간되다.

2017년(사후 82년)

3월 30일,『제4회 최용신 심포지엄 자료집』이 발간되다.

4월 14일, 평전『백년을 앞선 선각자 최용신의 외로운 진실』(김명옥)이 발간되다.

4월 21일, 최용신 학술간담회를 개최하다.

12월 27일, 최용신 학술총서 1『일제강점기 안산 지역 교육과 최용신의 현재적 의미』가 안산시에서 발간되다.

2018년(사후 83년)

6월 12일, 평전『최용신과 샘골마을 사람들 3』(홍석창)이 발간되다.

참고 자료

1. 루씨여자고등보통학교 승격

「루씨여교 승격 여자고보로 인가」, 《동아일보》(1925년 6월 30일 자)

원산에 있는 루씨여학교는 학교의 내용이며 모든 설비를 충실히 하고 그간 총독부 학무국에 여자고등보통학교로 승격할 청원을 하였던바 지난 6월 26일부로 사립여 자고등보통학교로 승격되었다는 인가가 나왔다더라.

「승격한 원산 루씨여교」, 《동아일보》(1925년 7월 2일 자)

원산 루씨여교가 지난 26일부로 여자고등보통학교로 승격되었다 함은 기보(旣報) 한 바이지만 이 학교는 대한 광무(光武) 7년 3월 3일에 '루씨'라는 서양 여자가 원산 시외 와우동(臥牛洞)에 설립해 교운(校運)이 일증함에 따라 루씨가 미국으로 돌아가 다른 여자의 돈을 얻어 융희(隆熙) 4년 5월 2일에 현재 산제봉(山祭峰) 아래 4층 양 옥을 건축하고 '루씨건인금' 여학교라고 명칭을 고치어 보통학교 정도의 교육을 하 여 오다가 루씨는 사정으로 귀국하고 그 대신 '오리부'라는 여자가 미국으로부터 건 너와 교장에 취임하고 임술(壬戌, 1922년) 4월에 고등과를 설치하여 금년에 네 사람의 고등과 졸업생을 내었는데 현재 학생이 60여 명이라 하며 금년부터는 매년 경비가 1만 4000원을 계상했다는데 동북에 여자고등보통학교가 설립되기는 이 것이 처음이라더라.(원산)

「루씨여자고보 18일에 개교식 거행」,《동아일보》(1925년 7월 15일 자)

원산 사립루씨여학교가 거월 26일부로 여자고등보통학교로 승격되었다 함은 기보와 같거니와 동교에서는 현재의 60명 학생에게 대해 지난 13일부터 15일까지 함남도 현(玄) 시학관 감시하에 계입(繼入) 시험을 행하고 18일에는 동교 개학식을 성대히 거행할 터이라고.(원산)

「승격 기념 학예전람회 원산 루씨고보에서」,《동아일보》(1926년 6월 24일 자)

원산 루씨여자고등보통학교와 동 여자보통학교의 두 학교는 오는 26일이 승격된 만 1주년 기념일이므로 그날 오전 9시부터 아이들 학예품전람회를 열고 일반의 관람에 공할 터이랍니다.

「원산루씨여학교 여자고보로 인가 6월 26일부로 발표」,《조선일보》(1925년 6월 30일 자)

함경남도 원산부 산제동(山祭洞) 37번지에 있는 사립루씨여학교는 원래 남감리교회의 경영으로 창립 이래 다수한 졸업생을 배출하고 모든 방면으로 나날이 흥왕해 가던바, 금년 4월부터 여자고등보통학교의 인가를 얻기 위해 그 학교 교장 오리부 양 이하 일반 당국자들은 여러 가지 방면으로 활동한 결과 수천 원의 물리, 화학 기구를 새로이 설비하고 자격 선생을 많이 고빙하며 학교의 모든 제도를 혁신한 후 인가를 신청 중에 있더니 6월 28일 오전에 총독부로부터 6월 26일부로 드디어 여자고등보통학교의 허가가 발표되었다더라.

「생도 자격 검정, 루씨여고에서」,《시대일보》(1925년 7월 16일 자)

원산 사립루씨여자고등보통학교에서 내(來) 18일에 개교식을 거행한다 함은 기보한 바와 같거니와 그 학교에서는 지난 13일부터 자격에 대한 생도의 검정시험을 행한다는데 내 16일 목요까지에 필료(畢了)하리라고 한다.

「루씨여고 개교식 대성황 중에서」, 《시대일보》(1925년 7월 23일 자)

기보한 루씨여자고등보통학교와 사립루씨보통학교의 개교식은 예정과 같이 지난 18일 오전 10시에 우중(雨中)이므로 부득이 고보교 2층 강당에서 거행하였는데 총독 대리로 시학관과 도청으로 비롯해 학부형 합 100여 명이 내참한 중에서 대성황을 이루었는데 일전 자격시험을 본 학생 중에 보통학교에 합격한 총수가 344명, 불합격자 16명, 고보교에는 합격자 35명, 불합격자 9명인바 금번 검정시험에 합격자는 구령(舊令) 루씨학교 생도로 취급한다 하며 고등과 4학년은 승격되지 않은 까닭에 금년 4년급생은 작년도 구령에 의해 졸업시킨다고 한다.

2. 루씨여자고등보통학교 입학 안내

「각 여자 학교 입학지남, 원산 루씨여고」, 《동아일보》(1927년 2월 14일 자)

함남 원산 루씨여자고등보통학교에서는 금년 4월에 신입학생을 좌기 요항에 의해 모집한다더라.

① 모집 인원: 1학년 50명, 3학년 약간 명.

② 입학 자격

— 품행이 방정하고 신체 건강한 자.

— 본교 졸업까지 학자를 계속할 자신이 있는 자.

— 수업 연한 6년의 보통학교 또는 심상소학교 졸업한 자. 다만 현재 6학년 재학 중에 졸업 확신 있는 자.

— 본교에 자격검정시험의 합격자.

— 제3학년 입학시험자는 보결시험의 합격자.

③ 시험 과목

— 자격검정시험: 보통학교 6학년 졸업 정도 자는 국어·산술조선어·역사·지

리·이과.

— 선발시험: 입학지원자 정원이 초과한 시는 국어·산술·구두시험·신체검
사.

— 보결시험: 지원 연급의 전 학년 학과로 함. 다만 기능과는 제함.

④ 출원 수속: 입학지원자는 본교 소정의 입학원서급 이력서와 호적등본(소
화 3년도), 교장의 학업성적증명 급 소견표를 조제 첨부해 제출할 것.(다만
성적증명 급 소견표는 그 학교로부터 친전으로 송부할 것.)

⑤ 출원 기일: 3월 20일까지.

⑥ 시험 일자: 3월 26~27일 양일.

⑦ 합격자 발표: 3월 29일.

「각 여학교 입학 절차(12), 원산 루씨여고」,《조선일보》(1927년 2월 15일 자)

① 모집 인원: 1학년 약 50명, 2~3학년·보결 약간 명.

② 출원 기일: 3월 25일까지.

③ 시험 일시: 3월 28~29일.

④ 합격자 발표: 3월 31일 오전 10시.

⑤ 입학 자격

— 품행이 방정하고 신체가 건전한 자.

— 졸업 때까지 학자를 계속할 희망이 확실한 자.

— 수업 연한 6년의 보통학교 또는 심상소학교를 졸업한 자와 현재 6학년
재학자로 금년 3월에 졸업할 의망이 확실한 자.

— 자격검정시험에 합격하는 자.

— 3학년 입학시험자는 보결시험에 합격하는 자.

⑥ 시험 과목

— 자격검정시험: 보통학교 6학년 졸업 정도에 의지해 산술·조선어·역사·
국어(일본어를 의미)·지리·이과 시험을 행함.

— 선발시험: 입학지원자가 정원을 초과하는 때는 산술·국어 시험·구두시

문·신체검사 등을 행하여 선정함.

— 보결시험: 지원 연급의 전 학년의 학과 전부를 시험함.

⑦ 출원 수속: 입학지원자는 동교 소정의 입학원서 및 이력서에 호적등본, 학교장의 학업성적증명 및 소견표를 첨부하여 제출할 일.(학업성적증명서와 소견표는 지원자의 학교장으로부터 직접으로 보낼 일.)

「각 여학교 입학 안내, 원산 루씨여고」, 《조선일보》(1928년 2월 18일 자)

원산부 루씨여자고등보통학교에서는 금년 4월에 제1학년 신입생과 제3학년 보결생을 모집할 터이라는바, 자세한 규정은 다음과 같다더라.

① 모집 인원: 제1학년 약 50명, 제3학년 보결 약간 명.

② 출원 기일: 3월 20일까지.

③ 시험 일시: 3월 26~27일 오전 9시부터.

④ 합격자 발표: 3월 29일 오전 10시.

⑤ 입학 자격

— 품행이 방정하고 신체가 건전한 자.

— 졸업 때까지 학자를 계속할 희망이 있는 자.

— 수업 연한 6년의 보통학교 또는 심상소학교를 졸업한 자와 금년 3월에 졸업할 의망이 있는 자.

— 동교의 자격검정시험에 합격하는 자.

— 2~3학년 입학시험자는 보결시험에 합격하는 자.

⑥ 시험 과목

— 자격검정시험: 보통학교 6년 졸업 정도에 의지하여 산술·국어·조선어·역사·지리·이과.

— 선발시험: 입학지원자가 정원을 초과하는 때는 산술·국어·조선어·구두시문·신체검사.

— 보결시험: 지원하는 전 학년의 학과 전부를 행함.

⑦ 출원 수속: 입학지원자는 동교 소정의 입학원서 및 이력서에 호적등본,

학교장의 학업성적증명 및 소견표를 첨부하여 제출할 것.

3. 루씨여자고등보통학교 졸업 소식

「루씨여교 졸업」, 《동아일보》(1925년 3월 24일 자)

원산 루씨여학교 고등과 제1회 졸업식을 산제동 동 교내에서 거행한바 4명의 졸업생 중 우등은 최직순 양이라고.(원산)

「여고보 졸업생, 원산」, 《동아일보》(1927년 3월 13일 자)

루씨여자고등보통학교에서는 오는 22일에 졸업식을 거행할 터이라는데 졸업생은 15명이라고 합니다.

「여고보 졸업식, 원산 루씨」, 《동아일보》(1927년 3월 31일 자)

원산 루씨여학교에서는 지난 23일 오전 11시에 동교 강당에서 졸업식을 거행하였답니다.

「원산 루씨여고, 제2회 졸업생」, 《중외일보》(1928년 4월 7일 자)

원산 루씨여자고등보통학교에서는 금년에 제2회 졸업생으로 18명을 내었다는바, 그중 수석은 박현숙(18) 양이라 하며 그 외 우등으로 박재열(20), 최용신(20), 박두성(19) 등 3명이 더 있다는바, 수석 박현숙 양은 장차 '피아니스트'가 되기를 기약하고 경성 이화전문학교 음악과에 입학하였으며 우등생 중에 각 과가 한결같이 성적이 좋을 뿐 아니라 4개년이라는 긴 햇수에 하루도 게으름 없이 개근하였으며 수예에 천재를 가진 박재열 양은 경성사범 연습과에 가리라는데 기타는 각각 자기들의 천질대로 상급 학교에 혹은 취직을 한다는바, 아래 같은 지망별을 볼 수 있더라.
경성사범 연습과 1인, 이화전문 음악과 1인, 유치사범 1인, 협성여자신학교 2인, 조선의학교 1인, 기타 상급 학교 3인, 취직 3인, 가사 6인.

4. 루씨여학교 창립 기념식

「루씨여교 3주년 기념」,《중외일보》(1928년 6월 20일 자)

원산 루씨여자고등학교에서는 금반 해교 창립 3주년 기념식을 성대히 거행하리라는바 금월 22~23 양일(음 5월 5~6일)간.

「원산 루씨여학교 창립 33주년 기념식, 오는 26일에 개최」,《조선중앙일보》(1935년 6월 21일 자)

원산 부내 산제동에 있는 루씨여자고등보통학교와 루씨여자보통학교, 루씨유치원에서는 오는 26일이 승격 10주년 기념일이며 창립 33주년이므로 당일 오전 10시부터 루씨여자고등보통학교 교정에서 3교 연합으로 성대한 창립기념식을 거행한다는데 기념식이 끝나자 즉시 동교 공로자와 10년 근속자의 표창식이 있게되고 따라서 다음과 같은 여러 가지 행사가 있다고 한다.

유공자 표창장 수여식, 10년 근속 표창장 수상식, 여고보생 작품전람회, 빠사대회 보교 및 유치원생 작품전람회.

「원산 루씨여고보 승격 10주년 기념」,《동아일보》(1935년 6월 27일 자)

원산 루씨여자고등보통학교에서는 금 6월 26일이 동교 승격 10주년(창립 33주년) 기념일이므로 이를 기념하기 위해 좌기와 같은 축흥(祝興)을 거행.

1. 개교 10주년 축하식: 6월 26일 오전 10시.

2. 감사장 급 표창장 증정

유공자 감사장: 설립자 겸 교장 오리부.

10년 근속 표창장: 고보 교원 양재순 등.

「원산 루씨여교 창립 기념 성황」,《동아일보》(1935년 6월 30일 자)

원산 여자 교육계의 금자탑이 되어 있는 루씨여자고등보통학교와 같은 보통학교, 유치원 세 학교는 지난 26일이 창립 33주년이요 승격 10주년 기념일이므로 동교에서는 연합해 고보 교정에서 학교 관계자와 관민 유지 다수 참석해 기념식을 성대히 거행했다 한다. 동교는 지금으로부터 33년 전인 1903년 5월 26일에 남감리교 미국인 여선교사인 가로-무 양이 원산 와우리(臥牛里)에 여아 11명을 모아 놓고 가르치는 서당이 날로 자라고 달로 커져서 1912년에는 현 교사인 4층 양옥을 건축하고 1925년에는 고등과는 여자고보로 보통과는 보통학교로 승격되어 금일에 이른바 33년간 1천 수백 명의 졸업생을 내고 현재도 고보에 300여 명, 보통학교에 300여 명의 재원을 교육시키고 있다 한다.

기념식이 끝난 다음 계속해 동교 유공자 전 교장 오리부, 10년 근속 교원 양재순·김진목, 후원회 한치항·남관희 제씨의 표창식이 있었다 한다.

5. 1920년대 덕원 지역 교육 상황

「덕원군 교육 상황」, 《매일신보》(1921년 9월 20일 자)

덕원군 현면에 재(在)한 교육 상황을 문(聞)한즉 사립으로는 동면 두남리에 재한 취성학교는 거금(距今) 22년 전에 설립했다가 구한국 시대에 학교령에 의해 중등 정도로 일시 번창하더니 기본 기타 관계로 유명무실로 매년 졸업생이 45명에 불과하더니 3년 전에 방금 동 면장인 이석휘, 동 교장 최중희 양 씨의 활동으로 부활하여 지금 재학생이 전 반을 통해 80여 명에 달해 교운(校運)이 일익번창하여 가며 동 면 성북리에서는 재래의 사숙을 학교로 변경하기 위해 3000원의 거액으로 교사를 신건축하고 인가 신청 중인데 현재 아동이 100여 명에 달해 인가되는 시(時)는 파히 호황이 될 모양이며 공립으로는 동 면 갈마포(葛麻浦)에 재한 덕원제2공립보통학교인데 본년 7월에 개학되어 지금 학년은 1학년뿐인데 재학생이 70여 명에 유할 뿐이고 그 외에는 동 면 내를 통해 16개소의 사숙에 240여 명의 아동을 교양한다더라.

「덕원군과 향학열」, 《매일신보》(1921년 11월 5일 자)

덕원군 부내 면은 31개 동리로 1300여 호를 유한 대면(大面)으로 교육 기관이라고는 공립보통학교 1개소가 유하고 십운리(拾雲里)에 초등과 강습소가 1개소요, 사숙이 근(僅)히 10여 개소에 불과해 면민은 아동 교육상 다대한 불편을 감(感)하며 애원성이 면내에 자자하다더라.

「덕원야학소 설립」,《매일신보》(1921년 11월 5일 자)

덕원군 현면 두남리에 교육 기관으로는 사립취성학교 1개소 외에는 타(他)에 교육 기관이 무(無)해 학동 수용에 다대한 불편을 급(及)할 뿐이라. 생활상 곤란으로 수학의 여가가 없는 여자의 전도를 위해 두남리 취성학교장 최중희 이하 제씨의 열정으로 두남리 야소교회당 내에 신야학 강습소를 설립하고 지난 9월 13일부터 개학한 바, 40여 명의 학동을 갑을 양 반에 분하고 보통 학술을 교수한다더라.

「원산학교 방학일」,《시대일보》(1924년 12월 21일 자)

원산에 있는 각 학교에 동기 방학일은 여좌하다. 보광(保光)중학교 23일, 진성(進誠)여학교 20일, 루씨여학교 20일, 배의(培議)학교 20일, 광명(光明)학교 20일, 해성(海星)보통학교 29일, 상업(商業)학교 26일, 제일(第一)학교 28일, 제이(第二)학교 28일, 원산(元山)중학교 26일, 고등여학교 27일, 심상소학교 28일, 두남리(斗南里)학교 20일, 취성(聚星)학교 20일.

「토요회에서: 부인 야학 개최」,《시대일보》(1926년 4월 23일 자)

함남 덕원군 현면 두남리 토요회(土曜會)에서는 교양부 사업으로 부인야학회를 개최키로 하고 그 취지를 선전해 널리 회원을 모집키로 하고 지난 20일에 당지 취성학교 강당을 빌려서 성황으로 개학했다고.

「5월 말일 현재: 덕원학교 일람」,《시대일보》(1926년 7월 4일 자)

덕원부 내 각 공사립 학교 상황의 5월 말일 현재는 여좌하다고.

「덕원군 교육연구회 성황」,《중외일보》(1927년 7월 26일 자)

함남 덕원군에서는 군내 교육을 진흥키 위해 하휴(夏休)를 이용해 군내 공사립 학교 교원으로 하여금 연구한 바를 발표케 한다 함은 본지에 기보한 바이어니와 그 예정과 여히 금(今) 23일 오전 9시부터 신풍리 덕성학교 내에 동 연구회를 개하였는데 참가한 교원과 기타 교육 사업에 관계한 자가 약 40여 인에 달했다. 동교 교원 조병희 씨의 연구 발표가 종(終)한 후 박봉림, 임문병 양 씨의 산술과 국어에 관한 연구의 결과를 발표함이 있었고 최후로 사무 보고와 기타 협의가 있은 후 6시경 성황리에 폐회했다더라.

「덕원군 현면 명성학교 인가 30일부로」, 《중외일보》(1929년 4월 6일 자)

원산 시외 두남리 취성학교와 성덕리 덕명학교가 합병해 사립명성보통학교 인가원을 설립자 안치선 씨 명의로 1월 24일부로 제출하였던바 2개월 만에 지난 3월 30일부로 인가되어 내(來) 5월 1일부터 개교하리라더라.

6. 재학 시절 과외 활동

「두호구락 기념식」, 《시대일보》(1924년 12월 12일 자)

원산 시외 두남리 두호구락부 창립 1주년 기념식을 지난 8일 오후 7시에 두남리 예배당 내에서 성대히 거행했다고.

「두호구락부 정기총회」, 《시대일보》(1926년 1월 12일 자)

원산 시외 두남리 두호구락부에서는 지난 7일 오후 7시 반부터 당지 취성학교 내에서 제13회 정기총회를 개하고 작년도 결산안 승인 및 사업 보고가 있은 후 회체변경의 건에 대해 장시간 토의가 있은 후 규칙 수정 및 강령을 통과하였으며 집행위원은 여좌히 선정한 후 폐회했다고 한다.
    — 집행위원
    위원장 김준연, 서무부 최진희·김우연·최시성, 체육부 최시항·김학군, 문예부 강기덕·최시복.

「제1회 전 덕원 청년남녀웅변대회 동시에 유학생 환송회도 본보 지국 후원하에」,《중외일보》 (1927년 7월 26일 자)

함남 덕원청년동맹에서는 내(來) 8월 4일을 복(卜)해 제1회 전 덕원 청년남녀웅변 대회와 덕원유학생환영회를 개(開)한다는데 그 규정은 여좌하다 하며 환영회에 대하여는 덕원집행위원 제씨는 물론이고 기타 동맹원 일반이 다수히 참가하기를 바란다는데 주최 측은 각기 당일 회비 50전을 지참하게 했다 하며 웅변회에 대하여는 덕원에서 초견하는 사(事)인즉 유지한 청년 남녀는 성의로 출연해 주기를 바란다는데 다수한 관중을 예상한다 하며 동 대회 심사부에는 김이현, 최창희, 박형석 3씨가 출마할 터이라더라.

— 웅변대회의 건

시일: 8월 4일 하오 6시부터

장소: 적전면 신풍리예배당

신입 기간: 8월 2일까지

신입 장소: 덕원청년동맹

연사 자격: 만18세 이상

시일: 8월 4일 하오 2시

장소: 덕원청년동맹회관(단 유학생 제씨의 무루(無漏) 참석을 희망)

「남녀 유학생, 토론 대회 개최」,《중외일보》(1927년 8월 13일 자)

함남 덕원군 현면 두남리에서는 하기휴가를 이용하여 두호구락부의 주최로 본월 16일 하오 8시부터 목동예배당 내에서 개최한다는데 연제와 연사는 여좌하다더라.

— 연제: 현대 문화 향상에는 설(舌)이냐? 필(筆)이냐?

— 연사

가편: 이해성 군, 전영은 양, 김학군 군, 박경옥 양

부편: 최만희 군, 최용신 양, 김충신 군, 최직순 양

기보(旣報) 함남 덕원군 현면 두남리 두호구락부 주최로 거 16일 오후 8시 반부터 '문화 향상에는 설호(舌乎) 필호(筆乎)'라는 제목하에 손영성 씨 사회로 토론회를 개하고 지정한 연사 8인 중 부편인 박경옥 양은 사고로 인해 출석지 못하고 외 7인의 열변이 있은 후 최은희 양의 독창과 박경애, 박정의 양 양의 병창으로 각 연사의 흥미를 도우고 종론(終論)으로 신성애 양 외 5인이 있었는데 500여 관중의 환호리에 11시경에 무사 폐회했다더라.

「최용신 양 미거(美擧)」,《조선일보》(1931년 11월 6일 자)

강원도 통천군 답전면 포항리 옥명학원은 창설된 후 10여 년간을 기독교 선교회의 도움을 받은바 당 학원 선생으로 계신 원산 시외 두남리에 본적을 둔 최용신 양이 자기의 풍금 시가 100원짜리를 기증하고 갔으므로 일반의 칭송이 자자하다고.

7. 조선여자기독교연합회(YWCA) 연혁과 활동

「전위여성단체의 진용(3): 조선여자기독연합회」,《삼천리》4-1(1932).

쌀쌀하게 불어오는 겨울바람을 꺼려 안고 종로 중앙기독청년회관 안에 있는 조선여자기독청년회연합회를 방문한 날은 밝은 태양빛을 덮어 버린 — 눈 내릴 듯한 날 — 오후 1시경이었다. 정문을 열고 왼편 층대를 거쳐 올라가 굽은 낭하를 돌아서 사무실 문 앞에까지 이르렀다. 두 번이나 콩콩 두드리는 '노크' 소리에 아무 기척이 없으므로 분주한 나로서는 기다릴 수 없었으니 덮어놓고 문을 열었다.

방 안에 앉았던 어떤 수줍은 여자 한 분이 일어서면서 누구를 찾는지, 아직 총무 되시는 분이 안 들어오셨으니 들어와서 기다리라고 한다. 한 십 분 기다린 후에 문이 열리더니 얼굴이 갸름하고 키가 후리후리하게 큼직한 분이 들어오신다. 곁에 앉았던 사람의 행동을 보아서 들어오신 분이 그 회에 총무 되는 인 줄 알고 주저 없이 그의 앞에 가서 인사한 후 그 회의 내부 조직에 대해서 묻기를 시작했다.

"대단히 바쁘신 모양 같은데요. 미안하지만 제가 물어보는 대로 대답만 해 주십시오. 대회의 강령과 선언이 무엇인지요."

"네? 목적 말씀이지요." 하시면서 책장에서 조그만 책 한 권을 내어 주신다. 씨가 주신 책엔 선언 강령은 없고 목적만 쓰여 있을 뿐이었으니 그 목적은

① 조선 각 기독교청년회를 연합하는 기관을 작(作)함.

② 각 학교 및 도시 내와 다른(他) 계급의 조선인을 위한 기독교청년회를 조직 및 발달케 함.

③ 연합위원으로 말미암아 발달된 청년회로 하여금 차(此) 연합회를 통해 만국 여자 기독교청년회동맹과 세계 기독교 각 학생 동맹으로부터 연락케 함.

등등의 조건이었다.

"지회는 몇 개소에나 있습니까."

"시청년회(市靑年會)라고 도시에 있는 부녀들을 중심으로 한 지회가 열한 개소가 있고 경성과 각 지방의 학생회라고 고등보통학교 이상 전문학교 학생으로 된 지회가 열여덟 개소나 있습니다."

"그러면 회원도 퍽 많겠습니다그려."

"네, 가맹한 회원만이 2100명이나 됩니다."

"가맹원 외에 또 무슨 회원이 있습니까?"

"네, 본회와 다만 연락을 취하는 회도 있으니까요."

"회원의 연령은 어떻게 제한되는지요?"

"별로 연령 제한은 없습니다."

"전부터 들으니까 귀회에서 사업하시는 일이 많다고 하던데요. 대개 어떠어떠한 사업을 주장으로 하십니까?"

"사업에 있어서는 본회에서 직접 활약은 하지 않고요. 지회에다가 어떠한 사업을 하라는 것을 지시해 줄 뿐입니다. 그런데 그 사업은 각 부를 따라서 다 각각 마음대로 하게 되지요. 말하자면 종교부에선 종교의 사업을 할 것이고, 구제부에선 구제에 대한 사업을 하게 됩니다."

"경성 내에도 지회가 많겠지요?"

"네, 시청년회가 하나 있고, 학생청년회도 여러 곳입니다."

"경성 지회에서는 어떠한 사업을 경영하게 되는가요?"

"경성시 청년회에서만 현재 각 상점에 있는 여점원들이나 그 외에 부녀들에게 밤이면 영어 등을 가르쳐 줍니다."

"그 지회가 어디 있습니까?"

"태화여자관 내에 있습니다. 그리고 본부에서도 직접 관할하는 사업이 있는데, 그것은 농촌 사업으로 수원 샘골과 (황해도) 수안이라는 아주 사람 가기 어려운 데다가 교육 기관을 설시(設施)하여 놓고 낮이나 밤이나 보통학교에 못 가는 아이들에게 글을 가르치고 또 도서구락부를 두어서 책 없는 사람들에게 책을 읽게 하는 등의 일을 합니다."

씨는 본회에 총무이고 또 능한 말솜씨로 거리낌 없이 회의 내막과 기타 사정을 자세히 알아듣기 쉽게 여기까지 이야기하다가 맞은편에 앉아 있는 얌전하고 수줍어 보이던, 먼저부터 와서 기다리던 시골 선생 비슷한 이를 소개하면서 "이 최 선생(최용신)이 지금 수원 가서서 농촌 사업 하시는 선생입니다!"라고 하신다. 나는 얌전한 시골 선생을 향하면서 머리가 자연히 수그러지며 그에게 은근히 부탁하기를 어린이들에게 형식적 종교 정신을 넣어 주기보다 무엇을 그들 뇌수에 깊이 새겨지도록 해 달라는 것이었다.

"간부 되시는 이들은 몇 분이나 됩니까?"

"현재 열둘인데요." 씨명은 아래와 같다고 한다.

홍애시덕, 유각경, 신의경, 김합라, 황애시덕, 김보린, 최활란, 박현숙, 김필례, 김영숙, 김활란, 김성실.

"귀회가 언제 창립되었나요?"

"1922년 여름에 처음 탄생되었습니다."

"물론 처음보담 점점 발전 과정의 성적이 좋겠습니다."

"네, 그렇습니다. 그리고 우리 회에서 가장 영광으로 생각하는 것은 1930년, 즉 작년이지요. 세계여자기독청년회에 가맹하게 된 것입니다. 그래서 작년부터 처음 세계에서 조선여자기독청년회의 존재를 알게 되었습니다. 우리로서는 가장 자랑할

만한 일이라고 생각하는 동시에 무한히 즐겁습니다.”

참말 씨의 얼굴에 희락이 만만했고 선선스럽던 말소리조차 한층 더 늠름해졌으며 힘 있게 쏟아져 나왔다.

정신없이 듣고 있던 나의 귀에 시계의 종이 두 번 땡땡 치는 소리가 들려온다. 이야기를 더 듣고 싶다는 것보담 그 자리를 떠나야 되겠다는 생각에서 총무 되는 씨에게 감사하다는 인사를 남기고 밖으로 나서니 눈 내릴 듯하던 하늘에선 음산하게도 철에 그른 비가 이미 내리기 시작하여서 종로에 걷던 사람의 발걸음을 한층 더 재촉해 주었다.

8. 1930년대 반월면 교육 활동

「배우자! 가르치자! 다 함께 브나로드! 제2회 학생브나로드운동 각 지대원 소식(31), 2000 계몽대

활동 개시 삼천리 촌촌에 글 소리 낭랑」,《동아일보》(1932년 9월 3일 자)

반월면 장소 협착으로 3개소로 분반 교수

우리의 브나로드 책임은 다음과 같이 무사히 종료했다. 장소 협착으로 3개소로 분하야 교수했는데 강습생 150명 중 해득자(解得者) 남녀 70명을 내었다.

회기: 8월 10~30일

생도: 남 54명, 여 26명

해득자: 남 50명, 여 20명

선생: 한준수, 이동옥

수원 반월면 초평리(책임 대원 박희준)

「공보학년연장 면민 대회」,《동아일보》(1934년 10월 23일 자)

수원군 반월면 공립보통학교에서는 설립한 지 10여 년에 졸업 횟수가 9회나 된 오늘까지 4학년제로 있으므로 6학년으로 연장코자 다년간 현안 중이던데 지난 20일 오후 1시 당지 면장 이하 면민 일반이 면민 대회를 개최하고 각 관계 당국에 진정서를 제출하는 일방(一方) 기부금 모집에 몰두한다고 한다.

9. 최용신 사망 소식

「수원군하(水原郡下)의 선각자, 무산 아동의 자모(慈母) 23세를 일기로 최용신 양 별세」,《조선중앙일보》(1935년 1월 27일 자)

사업에 살든 여성

최용신 양은 금년 23세(26세의 오류 — 인용자)로 우리 조선 농촌 계발과 무산 아동의 문맹을 퇴치코자 1931년 10월에 수원군 반월면 사리(四里)에다가 천곡학술강습소를 설립하고 농촌 부녀들의 문맹 퇴치와 무산 아동 교육에 많은 파란을 겪으며 노력 중이던바, 불행하게도 우연히 장중첩증에 걸리어 신음하다가 지난 9일에 도립수원의원에 입원해 개복수술을 받고 치료 중이던바, 지난 23일 오전 0시 20분에 쓸쓸한 병실에서 최후로 유언 몇 마디 남겨 놓고 영원한 세상으로 돌아가고 말았다 한다.

10. 최용신의 활동과 업적 소개

「썩은 한 개의 밀알, 브나로드의 선구자 고 최용신 양의 일생: 인텔리 여성들아 여기에 한번 눈을 던지라」, 《조선중앙일보》(1935년 3월 2일~4일 3회에 걸쳐 연재)

지난 1월 23일 수원군 반월면 천곡리에서 농촌 사업 계발과 무산 아동의 문맹 퇴치에 그 반생을 바친 최용신 양이 26세를 일기로 세상을 떠났다는 것이 이미 지방 면에 간단히 보도한 바이어니와 이제 그가 바친 동 사업의 일단을 자세히 듣건대, 너무도 가엾고 놀라우며 또한 조선이 바라는 선한 사업 일꾼 하나를 잃었고 나는 슬픔을 금할 수가 없습니다. 그래서 이미 거룩한 희생의 몸이 되어 떠나 버린 그의 공적도 공적이지만 그의 남기도록 길을 따라 나아가야 할 후진들을 위해 그의 빛나는 업적을 살피기로 하는 것입니다.

최 양은 본래 원산 태생으로 일찍이 고향에서 루씨여고보를 제1호라는 우수한 성적으로 졸업을 하고 남다른 포부를 가슴에 새기어 경성에 올라와 우선 남을 사랑하고 봉사하는 정신을 닦으며 신학교에 입학하였으니 여기서도 그의 존재는 몇 가지 빛났더랍니다.

신학교에서 농촌으로 실습을 나가는 때는 물론이지만 남들이 피서를 가는 더운 여름이나 추운 겨울 방학에도 이 최 양만은 쉬지 않고 언제나 그는 외로이 발길을 농촌으로 돌렸답니다. 이와 같이 재학 시대부터 여기저기서 농촌 사업을 많이 하다가 신학교를 나오게 되자 경성여자기독청년연합회의 파견을 받아 가지고 1931년 봄(가을의 오류 ― 인용자)에 수원의 샘골로 그 사업의 발길을 옮겼다는 것입니다. 시골은 어디나 다를 것 없겠지만 등잔 밑이 어둡다는 격으로 서울이 멀지 않은 그곳이 있었으나 문명의 혜택에서 벗어난 생활이라는 곳은 문자 그대로 미개의 상태였다고 합니다.

최 양은 우선 천곡리교회당을 빌려 가지고 밤에는 농촌 부녀들과 청년들을 모아 놓고 가르치며 낮으로는 아이들을 모아 놓고 가르치니 여기 모여드는 아동의 수가 이에 100여 명에 달하게 되었답니다. 그러나 여기에 딱한 사정은 장소가 좁으며 80명 이상 더 받아서는 안 된다는 경찰 당국의 제재가 있으므로 하는 수 없이 여기서 몇 아이를 밖으로 내보내야 할 사정인데도 불구하고 제각기 안 나가려고 최 양 앞으로 다가앉는 그 어린이들을 내보내야만 할 피치 못할 제재를 받으며 최 양은 여기서 이 어린이들을 붙들고 뜨거운 눈물을 흘리며 할 수 없이 80명만을 남기고 나머지 애들을 밖으로 보내고, 이 어린이들은 최 선생님을 부르고 울며 집으로 돌아갈 줄을 모르고 예배당 담장에 가 매달려서 넘겨다보며 떨어질 줄을 몰랐답니다. 이리하여 내쫓긴 어린이들은 매일같이 책을 가지고 와서는 담장에 매달려 최 선생의 말을 열심으로 듣는 것을 본 최 양은 저 어린 것들을 들여놓고 같이 가르칠 집을 하나 어떻게든지 해서 꼭 지어 주어야겠다는 뜨거운 마음을 금할 수 없어 여러 가지로 생각을 해 보았으나 연합회에서 받는 자기의 생활비 30원이라는 돈을 가지고는 도저히 어찌할 길이 없음에 그는 안타까운 사정을 알고 애를 태운 적도 한두 번이 아니었다고 합니다. 그래서 농한기를 이용해 가지고 양잠을 하느니 기타 부업을 해 가지고 여기서 나오는 돈을 모으고 또 다른 데서 약간의 도움을 받아 가지고 천곡학술강습소를 짓기 시작했답니다. (계속)

그래서 이 강습소를 지을 때 최 양은 달밤이면 강변에 나가서 생도들과 같이 들것에 다 모래와 조약돌을 담아 오며 흙을 파다 손수 자기가 흙 반죽을 해 가며 이 강습소를 지어 놓았답니다. 아 그래 가지고 기쁨에 넘쳐 그는 주를 헤아리지 않고 연약한 제 몸은 조금도 돌아보지 않고 오로지 이 농민들을 위하다가 이 땅의 흙이 되겠다는 굳은 각오 앞에서 진일이나 마른일을 헤아리지 않고 나가는 가운데 천곡리 일대에서는 최 선생 최 선생 하며 칭찬이 자자하고 마침내 그들은 최 양을 전설에서 나오는 이러한 인물같이 생각하는 가운데 최 선생의 말이라면 무엇이나 다 들어야만 된다는 절대 신임을 가지게 되니 최 양의 사업의 일은 점점 불꽃이 강하여지고 샘골이라는 이 동네는 최 양이 들어온 이후로부터는 전과는 천양지판으로 인심이라든지 그 생활 정도가 놀랄 만치 향상 진보함을 보게 되었습니다. 과연 최 양은 이 샘골에서 때로는 목사 노릇도 하고 때로는 의사, 서기, 재판장 노릇까지 하게 되었으니 싸움을 하다가 머리가 깨져도 최 선생을 불러 대고 부부가 싸움을 하고도 최 선생에게로 왔다고 합니다.

그러다가 좀 더 배워 가지고 올 작정으로 그는 작년 봄에 고베 신학교로 가서 더 배우려고 하던 중 각기병에 걸려 공부를 못 하고 다시 돌아왔을 때는 몸이 극도로 쇠약하여져서 풍부한 양식을 가져다주려던 그는 의외에 쇠약한 몸으로 샘골을 향해 병든 다리를 끌고 가니 여기 농민들은 최 선생이 아파서 누워 있어도 우리와 같이만 있다면 우리의 생활은 빛난다고 하며 죽어도 우리와 같이해 달라고 정양이 필요하게 된 그 몸을 붙들고 놓지를 않았답니다. 그래서 최 양은 여기서 다시 용기를 내어 가지고 기적적 정력으로 일을 다시 했더랍니다. 그러다가 약한 몸은 노동은 과하게 되고 먹는 음식 같은 것은 잘 못 먹고 하게 되니 처음에는 소화불량증까지 시작이 되어 가지고 남모르게 혼자만 신음을 하다 병이 중하게 되매 할 수 없이 자리에 누웠는데 이때는 이미 이 병세는 중태에 빠졌답니다.

최 선생이 이렇게 되고 보니 동리 사람들은 물론이요, 거기서 30~40리씩 떨어진 곳에서까지 와서 번갈아 가며 밤을 새워서 간호들을 했으나 중태에 빠진 병세는 점점 더해 마침내 수원 도립병원에 입원을 하고 복부 수술을 하고 보니 소장이 대장 속으로 들어간 기형 상태에 있는 것을 빼어 냈으나 병세는 여전히 더할 뿐이었다 합니다. 이때에 농민들이 최 선생의 고향 친지들에게 알리려고 하였으니 "나 혼자 앓지 왜 남에게 이런 소식을 알려서 일을 방해한단 말이오." 하며 전보는커녕 편지도 못 하게 하므로 우둔 민촌 부녀들은 최 씨 고향에다가 편지 한 장을 않고 그냥 있었는바, 최 양의 은사 황애덕 씨가 풍편에 이런 소식을 듣고 내려가 보니 병세가 시시각각으로 위독하므로 그제야 황 선생의 손으로 알릴 만한 곳에다가 모두 통지를 하게 되었습니다. 그리고 최후로 한 번만 수술을 더 해 보자는 의사의 말을 따라 뼈만 남은 최 양은 다시금 수술대에 오르게 되었습니다.(계속)

그러나 이것은 다만 최 양을 더 괴롭혔을 뿐이요, 그를 구해 주는 것은 되지 못했습니다. 그리하여 지난 1월 23일 기어코 그는 "주여! 나를 버리시나이까?"를 연발하며 다음과 같은 유언을 하고 그만 숨을 거두고 말았으니 그가 최후로 남기고 간 말은 무엇인가.

    1.   내가 죽어도 천곡강습소는 영구히 경영하라.

2. 김 군과 약혼한 지 10년 되는 이 봄부터 민족을 위해 사업을 같이하기로 했는데 죽으면 어찌하나.

3. 샘골 여러분을 두고 어찌 가나.

4. 불쌍한 우리 학생의 전도를 어찌하나. 불쌍한 우리 학생의 전도를 어찌하나.

5. 어머님을 두고 가며 죄송스럽다.

6. 아무 데도 전보하지 마라.

7. 천곡강습소 마주 보이는 곳에 나를 묻어 다오.

이러하듯 못 잊어 하던 샘골 농민들을 이렇게 놓고 떠나갔으며 더구나 10년이란 긴 세월 남다른 미래를 약속하고 사랑하던 K 군을 마지막 떠나는 자리에서 못 보고 가는 그 마음 오죽이나 서러웠을까! 과거 K 군과 최 양의 로맨스는 원산 명사십리를 배경으로 하고 그들은 해당화 핀 하얀 모래 위를 거닐며 남다른 동기에서 사업의 동지로 결합되었으니 즉 자기네는 이 땅의 농촌을 위해 이 몸을 바치자는 굳은 약속이 있었다고 합니다.

그때 최 양이 위독한 경우에 빠졌을 때 현해탄 건너 있는 K 군에게도 전보를 보냈답니다. 그러나 원수의 돈이 길을 막아 산지사방 애를 쓰다가 겨우 노비(路費)를 구해 가지고 이 땅에 발을 들여놓았을 때는 이미 최 양은 관 속에 든 몸이었답니다. 군은 미칠 듯이 날뛰며 관을 붙들고 목이 메어 하는 말이 "용신 씨 당신에게는 왜 현대 여성들이 다 갖는 허영이 좀 더 없었던가요." 하며 애통했답니다. 이리하여 사흘을 지난 뒤 최 양의 관은 K 군의 외투에 덮혀 묘지로 가게 되었으니 이때 최 양의 장례식에는 40~50리 밖에서까지 촌사람들이 몰려와서 그 상여 뒤에는 수백 명의 농군들이 따라갔더랍니다.

그리고 장례식이 끝난 뒤에 그들은 다시 최 양이 생전에 몸담았던 데로 다시 돌아가서 생전에 최 양의 손이 가던 물건들을 "최 선생이 보고 싶을 때면은 이것을 보겠다." 하며 심지어 그의 신발 같은 것을 다 눈물 받은 치마 앞에 싸 가지고는 눈물이 앞을 가려서 차마 그곳을 떠나지를 못하는 광경은 어머니를 잃은 의지할 곳 없는 아이들을 보는 듯 목자 잃은 양과 같아서 그 광경이 말 못 하게 비참했다고 합니다. 최 양이 이 세상에 들렀던 것은 다만 23년(26년의 오류 — 인용자)이라는 짧은 세월이었으나 그가 마치고 간 사업이 위대하며 그의 생은 길었다고 볼 수 있으며 몸은 비록 우리를 떠났으나 그 거룩하고 위대한 정신은 영원히 여기에 남아 길이 향기를 더할 것이다. 바라건대 최 양의 영령이나마 있다고 한다면 길이길이 이 땅의 우리들을 위해 주기를 빌면서.

「영원불멸의 명주(明珠) 고 최용신 양의 밟아 온 업적의 길 천곡학원을 찾아서」,《신가정》5월호(동아일보사, 1935).

"우리의 가장 무서운 적은 영국도 아니요, 독일도 아니다. 그것은 대중의 무지(無智)다!" 이것은 10년 전 모국의 혁명당 수령이 10만 대중 앞에서 토한 기염이지마는 그 10년 전 그의 말이 오늘날 우리에게 꼭 그대로 들어맞음을 우리는 발견한다. 그렇다. 이것은 모국의 그때 현상으로 보아 명언이었듯이 오늘날의 우리에게도 커다란 감격을 주는 명언이다. 우리는 무엇보다도 이 강적 '무지'를 격퇴시켜야 할 것이다.

인간의 집단생활이 영위되고 인류가 '사회'라는 조직을 보게 된 이래로 반만년간 세계 민족의 흥망사에서 우리가 배운 것도 이것이었고 오늘날 생생한 현실 속에 치어나면서 우리가 배운 것도 이 진리였다. 배워야 한다. 그리고 알아야 한다.

세기가 변하고 역사가 변해도 이것은 언제까지나 진리다. 그러나 우리는 그것을 몰랐었다. 반만년간이란 긴 역사를 가지고 이 '진리'를 깨닫지 못했던 것이다.

……그러나 드디어 우리도 그것을 깨우쳤다. 그리하여 허다한 우리의 선각자들이 먼저 깃발을 든 것이 '배우자! 가르치자!'의 운동이었다. 이 브나로드운동이 일어난 지 불과 5년. 그동안에도 우리는 수만의 문맹을 퇴치하였다.

최용신 양…… 이분 또한 그 선각자 중의 한 사람이었다. '무지'가 우리의 적이라는 커다란 진리를 깨우쳤을 뿐 아니라 생명까지 이에 바친 정령의 주인공인 최 양…… 그는 모름지기 우리가 본받아야 할 사람이었다. 더욱이 그는 처녀기의 여성이다. 꽃다운 반생…… 아니 일생을 조선을 위해 바친 그의 위업인 천곡학원…….

기자는 이 최 양의 밟은 길을 더듬고자 따스한 봄날을 택해 서울을 떠났다.

수원군 반월면 천곡동! 기자는 철도 연변에서 30십 분 정도의 거리려니쯤만 생각하였으나 수원군의 지도를 얻어 보고야 교통의 불편한 데 더욱 놀랐다. 가장 가까운 수원역에서 50리. 군내 지도에도 이름조차 없는 벽촌이다. 그러나 지도만으로는 알 길이 없어 천곡리의 배달 구역인 군포장 우편소를 찾아 그 노정을 물으니

"천곡 어딜 가시는지요?"

하고 배달부인 듯한 나긋나긋한 인상을 주는 젊은 사람이 자기네끼리 얼굴을 쳐다본다. 기자의 말을 듣더니 그는

"아 천곡학원요?"

하고 자기 집이나 찾아온 사람처럼 반긴다.

"천곡학원을 아십니까?"

"네! 알고말고요. 격일해서 가니까요!"

오늘날에도 격일해서 배달하는 구역이 벽촌도 아닌 수원 지방에 있다는 말을 듣고 기자는 또 한 번 놀랐다.

우선 다리를 좀 쉬고 있노라니 자상해 보이는 그는 이것저것을 묻는다. 대강 기자가 가는 뜻을 말하니까 그는

"아 최 씨요?"

하고 몹시 감격해한다.

"최 씨도 잘 아시나요?"

"알고말구요. 참 훌륭한 분이시지요. 그렇게 인자한 사람은 못 봤습니다……."

이렇게 실마리를 풀어놓자 마침 시내 배달을 끝내고 들어온 배달부까지 섞이어서 주거니 받거니 최 양의 칭찬이 자자하다.

"바로 작년 겨울이군요, 소포가 많아서 밤늦게야 우편을 가지고 가니까 한사코 들어오라더니 밥을 데우고 국을 끓이고 해서 먹으라고 하겠지요."

한 사람이 끝내자 또 한 사람이 맞장구를 친다.

"나도 여러 번 당했는걸……. 그래서 어떤 때는 미안해서 편지 받으십시오! 하고 고함을 치고는 달아 나오기도 했었어!"

반월 장터에서 차를 버리고 인수(인천-수원 간) 가도를 따라가다가 언덕 밑으로 내려서니 거기서부터는 산길, 논길이다. 춤을 추듯 논두렁길을 건너서 약 37분, 7마장

은 실히 되는 듯하다.

앞에서는 산, 좌우로는 논밭. 길을 잃고 한참 헤매다 보니 산모퉁이 밭에서 나물 캐는 아이들이 한 떼가 보인다. 기자는 그들을 찾아가서 천곡학원을 묻다가 기자는 여기에서도 최 양의 밟은 길을 엿보았다.

"최 선생님 학교요?"

하고 나물 바구니 속에 든 나물을 가리고 있던 열두엇 된 계집아이가 묻는 것이다.

"그래 너희들 선생님 댁이 어디 있니?"

무심코 이렇게 묻는 말에 장난꾸러기처럼 저고리 앞섶이 흙투성이가 된 머슴애가

"저어기요!"

하고 맞은편 산을 가리킨다.

"저어기 어디냐?"

"아 저 안에요, 묘가 많은 데 붉은 흙!"

아이들이 까르르 웃어 젖힌다. 그 아이가 가리킨 것은 공동묘지에 아직 잔디도 안 입힌 무덤이었던 것이다.

"예이 자식두! 이놈아 그것 최 선생님 묘지이지야!"

기자는 그 아이의 대답이 하도 재미있어서 머리를 쓰다듬어 주고 나도 밭머리에 털벅 주저앉아서 아이들의 이름도 묻고 집도 묻고 하려니까 산기슭에서 엿장수의 가위 소리가 난다. 기자는 엿장수를 불러서 엿 10전어치 열세 개를 받아서 아이들하고 나누어 먹었다.

처음에는 양복쟁이라고 경계하는 눈치가 어린아이들에게도 보이더니 그러는 동안에 숙친해서 묻는 대로 고분고분하게 대답을 한다.

"그래 너희들 최 선생님 보고 싶지 않으니?"

이렇게 묻는 기자의 말에 그들은 일제히 대답한다.

"보고 싶어요!"

"지금 계신 선생님들은 최 선생님만 못하시니?"

"아니어요,"

"그럼?"

"……."

아이들의 이야기를 종합해 보고 나는 최 양의 심지가 얼마나 아름다웠던가를 짐작했다. 그들은 최 양을 마치 저희들 동무처럼 이야기한다. 그리고 산모퉁이에서 소꿉질을 할 때 최 양이 질그릇 조각에 흙을 파서 밥이라고 이고 다니던 이야기며 각시놀음을 하면서 글을 배워 주던 이야기 같은 것을 듣는 동안에 기자의 눈 속은 뜨뜻해오는 것 같았다.

나이 20을 넘은 처녀가 새소리밖에 안 들리는 이런 산간벽촌에 와서 아이들과 소꿉질을 하며 한 자 한 자 글자를 가르치던 그 정성을 그려 보며 기자는 다시 한번 최 양의 무덤을 건너다보았다. 은연중 머리가 숙어진다.

아이들에게 길을 물어서 산잔등을 넘으니 아담스러운 새 집 한 채가 보인다. 널따란 운동장이며 유리창…… 언뜻 보기만 해도 그것이 학교라는 것을 짐작할 만했다. 비록 초가일망정 깨끗하고 아담하다. 운동장 넓이도 500평은 됨 직하고 운동장 구석에는 철봉까지 시설해 놓았다. 사무실 문을 두드리니 마침 휴가 중이라 최 양의 후임으로 온 탁 양의 집을 찾으니 탁 양도 마침 촌에 나가고 천곡학원의 경영체인 천곡예배당의 전도 부인 장 양(장명덕)이 대신 맞아 준다. 기자의 온 뜻을 듣고는

"이처럼…… 이처럼……."

하고 몹시 감사해한다.

장 양은 최 양과 손을 맞잡고 천곡학원을 위해 노력하던 동지의 한 분이다. 학원의 책임자는 없었지마는 최 양이 밟은 길은 장 양 입에서 누에실 뽑히듯 흘러나왔다.

이제 장 양의 이야기를 듣건대……

원래 천곡학원은 5년 전에 선교사 '밀러' 씨가 천곡예배당 안에 야학으로 시작한 것이다. 그러나 밀러 씨는 원래 한곳에 오래 주둔할 수 없는 바쁜 몸이므로 그 사업이 뜻과 같이 진행되지 않아서 초조해하던 때에 그야말로 '하느님의 사자'처럼 천곡에 한 여성이 있었으니 그가 바로 최용신 양이었다.

최 양이 천곡에 나타나기를 4년 전 10월이었다. 그러나 최 양이 오기까지는 사람이 없어 사업의 진전을 보지 못하던 것이 경비의 일체를 보조해 오던 여자기독교청년회도 본국의 보조 삭감으로 천곡학원까지 돌볼 겨를이 없게 되자 천곡학원은 일시

비운에 빠져 폐문을 하게 되어 최 양은 한동안은 경성에 돌아가 있었다.

그러나 남들은 행복된 결혼과 유학, 출세…… 이런 아름다운 꿈을 꾸고 교문을 나설 그때부터 깨달은 바 있어 농촌계몽운동을 자원한 사람이다. 일시 재정 곤란으로 중지는 하였으나 조선을 사랑하는 그의 정열은 식을 줄을 몰랐다. 그는 드디어 다시 결심을 하고 그 이듬해 이른 가을에 홀연히 천곡에 나타나서 천곡학원의 재생을 위해 일생을 바치기로 한 것이다.

천곡은 수원군인지라 경성과도 지척 간이기는 하나 산간벽촌…… 여기야말로 등하불명의 처녀지였다.

처음의 최 양은 학부형을 설복시키어 일을 시작하려 하였으나 그것도 여의치 못함을 깨달은 그는 다시 복안을 변해 그들 자신이 깨우치도록 할 계획을 써 왔다.

최 양이 처음으로 취택한 계획은 '추석놀이'였다. 최 양은 월여를 허비해 추석 달 밝은 기회로 음력 8월 14일 밤에 예배당을 이용해 추석놀이대회를 연 것이다.

읍까지 50리, 성냥 한 푼어치를 사려도 5마장이나 나가는 산간벽지에서 위안에 주린 그들은 20리나 되는 산길을 넘어서 '추석놀이' 구경을 왔다고 한다. 공작새처럼 혼란스럽게 차린 어린이들이 나비처럼 납신납신 춤을 추고 손에 손을 맞잡고는 천진스럽게 부르는 노래…… 호미와 지게와 오줌동이밖에 모르고 자란 그들은 여기서 비로소 자기네의 자녀들도 '아르키면 된다.'라는 굳센 신념을 얻게 된 것이었다. '우리들의 자식도 원래가 농군이 아니다. 아르키고 배우고 하면 되지 않느냐……?'

이리하여 부인친목계가 자진해 수년간 근검저축한 기금 300여 원을 하사했다. 그러나 최 양은 어찌 생각함이 있던지 그것을 다 받지 않고 그중의 반 150원을 기초로 해 매일 산길을 넘어 가가호호 방문을 하며 기금을 모집했다.

그때 최 양의 나이 24세(22세의 오류 — 인용자)건마는 최 양은 구두도 벗어 던지고 짚신이나 고무신을 신고는 오늘은 이 동리 내일은 저 동리 산을 넘고 논길을 헤매어 푼푼이 기금 모집을 했다. 점심을 굶은 것은 항다반이요, 어떤 때는 저녁도 못 얻어먹고 밤중에야 산을 넘어 집으로 돌아오기도 했다. 또 어떤 때는 그 지방 부호 노인과 말다툼을 하다가 격렬한 토론 끝에 본의는 아니면서도 노인에게 욕도 여러 번 하였고, 외국 유학까지 했다는 모 청년을 거리에 끌어내어 봉변도 주었다고 한다.

한동안은 근동 일대에서 최 양에 대한 불평이 자자했다. 어떤 부호는 최 양을 위협까지 하였으나 그는 끝끝내 구기지 않고 '조선을 위하는데 죄가 무슨 죄냐!'라는 굳은 신념으로 활동을 계속했다. 10전, 50전, 1원…… 이렇게 모인 돈이 700원에 달하자 최 양은 학교의 기지를 닦고 정초식을 거행했다.

그러나 동민이 최 양의 사업에 진심으로 공명한 것은 집터를 닦기 시작한 그날부터라고 한다. 10월도 중순 덧없이 명랑한 달밤이었다. 최 양은 처녀의 몸임도 돌보지 않고 팔을 걷고 버선을 벗어 던지었다. 그러고는 남자들이 멍하니 서서 구경하는 앞에서 지게로 돌도 나르고 흙도 져다 부었다. 기진하면 지게 위에 앉아서 숨을 돌려 가지고 또 지게를 졌다.

이튿날도 최 양은 그러나 쉬지 않았다. 흙과 돌을 져다가는 스스로 담도 쌓고 토역이니 대패질까지 손수 하는 것을 본 근동 사람들은 여기서 비로소 깨우침이 있어 훌훌 벗고 덤비어 교사 역사에 참가하였던 것이다. ─ 이리하여 700여 원의 건축비로 기공한 지 2개월 만에 천곡학원의 낙성연을 베풀었던 것이다.

이리하여 학생을 모집하니 당일로 60여 명이 운집했다. 최 양은 자기의 천직을 다 하기 위해 교재도 꾸미고 아동들의 가정, 성격, 취미까지 참작해 그야말로 천사처럼 어린이들을 지도하고 어루만지고 했다.

…… 그러나 최 양의 사업은 이것뿐이 아니었다. 낮에는 교육의 천직을 다하고 밤에는 농촌의 부녀들을 모으기 시작했다. 오십, 육십의 노파들도 책을 끼고 학교로 몰려들었다.

"난 안 올라다가 또 밤중에 와서 야단을 칠 테니 초저녁에 아주 때우는 것이 낫지!"

그들의 입에서 이런 말을 듣게 된 것을 보아도 최 양의 정성이 얼마나 가득했던가를 추측할 수 있다. ─ 이리하여 천곡 근동에서는 거의 전부가 문맹을 면했다고 한다.

밤낮으로 이렇게 활동하는 최 양이건만 일요일에는 몸소 벗고 나서서는 논도 매고 밭도 갈아서 부엌에서만 일생을 보내던 농촌 부인들도 지금은 모두 농군이 되었다고 한다. ─ 이러기를 만 4년! 그 뒤 최 양의 위엄을 잊을 수가 있으랴?……

그러나 최 양은 늘 자기의 '무지'를 슬퍼했다고 한다. 말끝마다

"더 배워야 할 텐데!"

하고 완전한 교육을 하기 위해서는 좀 더 공부를 해야 한다고 하더니 마침내 작년 3월

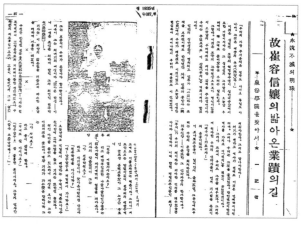

에 1년간의 예정으로 천곡학원을 동무에게 맡기고 고베로 유학의 길을 떠났다.

이것만으로도 최 양이 얼마나 양심 있는 사람이라는 것을 엿볼 수가 있는 것이다.

최 양은 일찍이 원산 루씨여고보를 마치고 경성 신학교(협성여자신학교)를 거쳤건만 완전한 교육은 완전한 인격과 학식으로만 가능한 것이라고 생각한 데서 다시 고베 신학교에 입학한 것이다. 최 양이 떠난 후 학생들의 빨리 돌아오시라는 편지가 매일 가다시피 했다는 것만으로도 천곡학교에서의 최 양의 신망이 엿보인다.

그러나……

이 큰 뜻 밑에 떠난 최 양의 스타트가 죽음의 길이 될 줄이야 그 누가 뜻하였으랴?

고베 간 지 6개월 만에 최 양은 각기(脚氣)를 얻어 경성으로 돌아왔다. 그러나 며칠 치료하는 동안에도 최 양은 천곡을 잊지 못했다. 그리하여 다시 천곡으로 돌아와서 병을 치료하면서도 그는 단 하루를 쉬지 않고 교단에 섰었다.

"나의 맥박이 그칠 그 순간까지!"

이것이 최 양의 맹서였다.

"선생님, 그만 학교를 쉬시고 정양하시지요."

날마다 학부형이 찾아와서 권했으나 최 양은 그대로 고개를 흔들고 낮에는 주학, 밤에는 야학, 토요일 오후와 일요일에는 근동으로 돌아다니며 출장 교수를 했다.

"내 몸둥이는 천곡…… 조선을 위해서 생긴 것이다. 그 천곡…… 그 조선을 위해서 일하다가 죽었던들 그게 무엇이 슬프랴!"

최 양은 찾아가는 사람을 붙들고는 이렇게 말했다.

'신'이라는 것이 있기만 했다면 우리는 그 신을 원망했을 것이다. 천사 같은 어린이들의 그 갸륵한 기원, 학부형들의 그 정성스러운 간호! 그러하건마는 최 양의 병세는 날로날로 더해 가는 것이었다.

최 양도 사람이다. 그 도에 지나친 노력과 병마로 해 드디어 병석에 눕고 말았다. 최 양은 병석에 눕던 바로 그날 밤까지 교단에 섰었다.

최 씨의 삼간초옥을 둘러싼 학부형, 은은히 솔숲에서 들려오는 학생들의 울음소리…… 이러하게 그날 밤은 깊어 갔다.

그러나 병석에 누운 그때의 최 양은 벌써 중태였다. 견디다 견디다 못하니까 누운 것이다. 아니 교단에 올라서도 더 몸을 지탱할 힘이 없으니까 쓰러진 최 양이었다.

"언니! 샘골을 어쩌고 죽어요?"

최 양은 혼수상태에 빠져서도 샘골을 찾았다. 샘골이란 천곡의 속칭이었다.

"수원으로 가 보면?"

하고 수십 차 권해 보았으나 그래도 최 양은 머리를 흔들었다.

"아니 아니! 난 샘골서 죽고 싶어!"

그러나 병세는 날로 더해 갈 뿐 아니라 학부형들은 도립병원에 입원시키기로 결정하고 비용을 거금했다. 학교 기금에는 그렇듯이 모르는 체하던 샘골 사람들이 자진하여 치료비를 부담했다. 그리하여 도립병원으로 옮겼으나 때는 이미 늦었다. 최 양은 금년 1월 22일 오전이 되어 완전히 의식을 잃고 말았다.

의식을 잃은 그동안에도 최 양은

"샘골! 샘골!"

하고 샘골을 찾다가 23일 미처 날도 밝기 전에 26세를 일기로 그 짤막한 일생을 마치었던 것이다.

숨을 거두기 전 최 양은 자기를 '샘골'에 묻어 달라고 유언을 하여 최 양의 유언대로 110여 명의 제자와 1000명을 넘은 동민의 앞을 서서 천곡학원 뒷산에 묻히었다. 이렇게 이야기를 마친 장 씨는 살짝 외면을 한다. 눈물을 감추기가 아니던가?

기자는 장 씨의 집을 나와서 학교로 갔다. 벽에 칠한 회가 아직도 새하얗다. ─ 그러하건마는 최 양은 벌써 갔는고? 하니 인생의 덧없음이 새삼스러이 가슴에 사무친다. 장 씨의 안내로 교실 안을 일순했다. 맨 맞은편 벽에 「송학(松鶴)」 자수한 틀이 걸려 있다. 최 양의 솜씨였다.

솔과 학! 어느 것이나 그렇듯이 짧은 천명을 하고 만 것이 아니지만 그 솔과 학을 수 놓은 최 양은 이미 간 지 오래다. 그러나…… 이 자수가 남아 있으니 최 양이 남긴 큰 뜻은 언제까지나 이 샘골을 지켜 줄 것이다.

"저기 뵈는 것이 최 선생 산소올시다."

이렇게 가리키는 쪽이 바로 아까 아이들이 일러 주던 곳이다. 최 양의 비석도 거의 다 되어서 일간 추도식을 겸해 식을 베풀리라고 한다.

최 양이여! 그대의 샘골이 영원토록 빛나게 지키고 있으라!

기자는 그의 무덤을 건너다보고 있는 동안에 은연 중 머리가 숙어졌다.

노천명, 「샘골의 천사 최용신 양의 반생(半生)」, 《중앙》(1935).

지난 1월 23일 수원에서 조금 더 들어가는 반월면 천곡리(샘골)라는 곳에서 농촌 사업을 하던 최용신 양이 세상을 떠난 사실이 있다.

새삼스럽게 내가 여기 붓을 드는 것은 그가 세상을 떠났다는 애도의 의미에서나 또는 더욱이 23세(26세의 오류 ─ 인용자)라는 꽃다운 시절에 꺾이었다는 애달픈 감정에서만이 아니다.

일찍이 세상에는 사업을 한다는 사람들도 많았고 그중에서도 헌신적으로 하겠다는 사람들도 많았으나 고 최용신 양같이 참으로 여기에다 제 피를 기울여 붓고 제 뼈를 부숴 넣은 사업가는 아마도 더 무리라고 생각되는 동시에 아직껏 그의 사업의 향기를 맡아 보지 못한 분과 이 향기를 나누며 더욱이 농촌 사업의 희생된 이 선구자의 닦아 놓은 길을 계승할 미래의 사업가들을 위해 그의 빛나는 공적을 다시금 살펴보려는 것이다.

최 양은 본래 원산 태생으로 일찍이 고향에서 루씨여자고등보통학교를 제1호라는 우수한 성적으로 졸업을 하고 남다른 포부를 가슴에 새기며 경성에 올라와 우선 남을 사랑하고 봉사하는 정신을 닦으며 신학교에 입학하였으니 여기서도 그의 존재는 별같이 빛나고 있었다. 신학교에서 농촌으로 실습을 나가는 때는 물론이거니와 방학 때가 되어 남들이 피서를 가느니 원산 해수욕을 가느니 하는 무더운 여름이나 추운 겨울에도 최 양만은 쉬지 않고 언제나 그는 외로이 발길을 농촌으로 돌렸다 한다. 이와 같이 재학 시대부터 남달리 그 젊은 정열을 오로지 이 땅을 위해 일해 보겠다는 일편단심을 가진 그는 여기저기서 농촌 사업을 많이 하다가 신학교를 나오게 되자 경성여자기독교청년회의 파견을 받아 가지고 1931년 봄(가을의 오류 — 인용자)에 경기도 수원군 샘골이라는 곳으로 그 사업의 발길을 옮기게 되었다. 시골은 어디나 다를 것 없겠지만 등잔 밑이 어둡다는 격으로 문화의 도시 경성에서 불과 얼마를 떨어지지 않은 그곳이었으나 문명의 혜택에서 벗어난 샘골이라는 데는 문자 그대로 미개의 상태였다고 한다.

처음에 그가 여기를 들어섰을 때는 우선 천곡리교회당을 빌려 가지고 밤에는 번갈아 가며 농촌 부녀들과 청년들을 모아 놓고 가르치고 낮에는 어린이들을 가르칠 때 배움에 목말라 여기에 모이는 여러 아동의 수효가 100여 명에 달하고 보니 경찰당국에서는 80명 더 수용해서는 안 된다는 제재가 있게 되자 불가불 그중에서 80명만을 남기고는 밖으로 내보내야만 할 피치 못할 사정인데, 이 말을 듣는 아이들은 제각기 안 나가겠다고 선생님 선생님 하며 최 양의 앞으로 다가앉으니 이 중에서 누구를 내보내며 누구를 둘 것이랴? 그는 여기서 뜨거운 눈물을 몰래몰래 씻어 가며 어길 수 없는 명령이매 할 수 없이 80명만 남기고는 밖으로 내보내게 되니 아이들 역시 울며불며 문밖으로는 나갔으나 이 집을 떠나지 못하고 담장으로 넘겨다보며 이제부터는 매일같이 이 담장에 매달려 넘겨다보며 공부들을 하게 되었다. 이 정경을 보는 최 양은 어떻게 하든지 해서 저 아이들을 다 수용할 건물을 지어야겠다는 불같은 충동을 받게 되자 그는 농한기를 이용해 양잠을 하고 양계, 기타 농가에서 할 수 있는 부업을 해 가지고 돈을 좀 만들어서 집(교사)을 짓게 되었으니 여름 달 밝은 때를 이용해 그는 아이들과 들것을 들고 강가로 나가서 모래와 자갈돌들을 날라다가 자기 손으로 손수 흙을 개며 반죽을 해서 농민들과 같이 천곡학술강습소를 짓게 되었던 것이다. 이것을 짓고 계산을 해 보니 약 800원이 들었어야 할 것인데 돈 드린 것은 400원밖에 되지 않았다 한다. 그리하여 이 천곡강습소의 낙성식을 하면서 그 집을 지으며 고생하던 이야기를 최 양이 하자마자 현장에 모였던 사람들 중에서 수백 원의 기부금을 얻게 되어 그동안 비용 든 것을 갚을 수 있게 되었다.

이리하여 여기서 사업의 재미를 보는 최 양은 밤이나 낮이나를 헤아리지 않고 오로지 농민들을 위해 일하다가 천곡리의 흙이 되겠다는 굳은 결심 아래서 연약한 자기 몸도 돌보지 않고 그들과 같이 나가 김을 매고 모낼 때면 발을 벗고는 논에 들어가 모를 내는 일까지 다 했다고 한다. 그뿐 아니라 그는 이 샘골의 의사도 되고, 때로는 목사, 재판장, 서기 노릇을 겸했다고 한다. 그래서 동리에서 싸움을 하다가 머리가 깨져도 최 선생을 찾고 부부간에 싸움을 하고도 최 선생을 찾으리만큼 최 양은 그들에게서 절대 신임을 얻게 되며 과연 샘골 농민들에게 있어 그의 존재는 지상의 천사와 같이 그들에게 빛났던 것이다.

최 양은 여기서 좀 더 배워 가지고 와서 그들에게 더 풍부한 것을 주겠다는 마음에서 그는 바로 작년(1934년) 봄에 고베 신학교로 공부를 더 하러 떠나게 되었다. 그러나 의외에도 각기병에 걸려 가지고 더 풍부한 양식을 준비하러 갔던 그는 건강만을 해쳐 가지고 작년 가을에 다시 조선을 나오게 되었을 때 병든 다리를 끌고 제일 먼저 찾아간 곳은 정든 이 샘골이었다.

최 양을 보자 이곳 농민들은 "최 선생이 아파서 누워 있어도 이곳에서만 계셔 주면 우리의 생활은 빛납니다." 하며 절대 정양을 요구하는 최 양의 몸임에도 불구하고 붙잡고 놓지를 않으므로 여기서는 기적적 정력을 얻어 가지고 다시 그들을 위해 일을 하게 되었다.

과연 최용신 양이 이곳에 온 지 만 4년 동안에 천곡리 일대의 인심이나 그 생활에는 놀랄 만한 향상과 진보를 보게 되었던 것이다. 그래서 최 씨가 온 후로 갑자기 변한 이 샘골을 보는 그 근방에 있는 야목리라는 곳에서 하루는 청년들이 최 씨를 찾아와 저의 동리도 좀 지도해 달라고 애걸을 했다 한다. 그러나 이때 마침 경성연합회에서는 불가불 경비 문제로 한 달에 30원을 주던 것조차 앞으로 못 주겠으며 따라서 여기 농촌 사업을 그만두게 되지 않으면 안 될 형편이 되고 또 최 씨의 건강도 점점 쇠약해 가므로 그는 사업을 중지하고 고향으로 돌아가려 했다.

그러나 이 농민들의 앞날을 다시 한번 생각할 때 그는 발을 차마 돌리지를 못하고 이리저리 주선한 결과 중지 상태에 있던 천곡리의 농촌 사업을 다시 계속하는 동시에 수원고농(水原高農) 학생 유지들에게서 야목리를 위해 한 달에 10원씩 얻기로 되어 그는 두 군데 일을 맡게 되었다. 여기서 그의 약한 몸은 기름 없는 기계와 같이 군소리를 내기 시작했으니 맹장염을 얻어 가지고 남몰래 신음하다가 원체 병이 중태에 빠지매 수원 도립병원에 입원을 하고 복부 수술을 하고 보니 소장이 대장 속으로 들어간 이상한 병이었다 한다. 이때에 촌민들은 20~30리 밖에서까지 들어와서 갈아가며 밤을 새워 간호를 했다니 최 양이 그들에게서 얻은 인망은 가히 짐작하고도 남을 것이다.

병이 위독해짐을 보고 고향에 기별을 하려고 농민들이 물으니 최 양은 끝까지 "이것은 내 개인의 일이니 여러 사람의 일에 방해가 있으면 안 되겠소." 하며 편지도 못 하게 하므로 우둔한 촌 부인들은 아무 데도 이 소식을 알리지 않고 있을 때 그의 은사 황애덕 씨가 이 소식을 풍문에 듣고 내려와서 일이 그른 것을 알고 친지에게 기별을 하니 최 양은 이때 의사의 말에 의해 최후 수단으로 뼈만 남은 그 몸이 다시 수술대에 오르게 되었으나 만약(萬藥)이 무효로 최 양은 기어코 1월 23일에 예수가 십자가에 못 박히시며 최후로 하시던 말씀 "주여! 나를 버리시나이까?"를 연발하며 몇 마디의 유언을 남기고 그는 애석하게도 괴로운 숨길을 모으고 말았으니 그가 최후로 남긴 말은 이러했다.

① 나는 갈지라도 사랑하는 천곡강습소를 영구히 경영하라.
② 김 군과 약혼한 후 10년 되는 금년 4월부터 민족을 위해 사업을 같이하기로 하였는데 살아나지 못하고 죽으면 어찌하나.
③ 샘골 여러 형제를 두고 어찌 가나.
④ 애처로운 우리 학생들의 전로를 어찌하나. 애처로운 우리 학생들의 전로를 어찌하나.
⑤ 어머님을 두고 가매 몹시 죄송하다.

⑥　내가 위독하다고 결코 각처에 전보하지 마라.

⑦　유골을 천곡강습소 부근에 묻어 주오.

최 양! 어찌 눈을 감았으랴. 이렇듯 못 잊을 샘골 농민들을 두고 어찌 갔으며 10년을 두고 남달리 사귀었다는 마음의 애인을 마지막 하직하는 그 자리에서도 보지를 못했으니 어찌 눈을 감고 어이 갔으랴!

최 양이 원산 루씨여고를 마칠 때 그에게는 원산의 명사십리를 배경으로 하고 싹트는 로맨스가 있었으니 명사십리의 흰모래를 밟으며 푸른 원산의 바다를 두고 그들의 미래는 굳게굳게 약속되었던 것이다.

그러면 최 양의 마음의 연인은 과연 어떤 사람이었던가? 그 남자 역시 원산 사람으로 최 양과 한 동리에서 자라난 장래 유망한 씩씩한 청년이었다. 그들이 친구의 계단을 밟아서 미래의 일생의 반려자가 될 것을 맹서한 데는 오늘 보통 청년 남녀들에게서는 보기 드문 진실성과 빛나는 것이 있었으니 그들은 오직 이 땅의 일꾼! 우리는 농촌을 개척하자는 거룩한 사업의 동지로서 굳게 그 마음과 마음의 악수가 있었던 것이다. 그리하여 10년 동안 산전수전을 겪으면서도 그 사랑은 식을 줄을 모르고 한 번도 감각적 향락에 취해 본 적이 없었다는 것이다. 언제나 대중을 위해 몸과 마음을 바치자는 것이었다.

그들 역시 젊은 청춘이었거늘 왜 남만큼 젊은 가슴에 타는 정열이 없었을 것이냐마는 이 사업을 위해서 이것을 이긴 것이 얼마나 훌륭하고 장한 일이냐! 특히 작년 봄에 최 양이 고베로 공부를 다시 갔을 때 현금(現今) 그곳에서 모 대학에 다니고 있는 그 약혼자는 최 양에게 올해에는 우리도 결혼을 하자고 청했다고 한다. 그러나 어디까지 이지적이며 대중만을 생각하려는 최 양의 말은 "공부를 더 한다고 들어와 가지고 결혼을 하고 나간다면 이것은 너무나 나 자신만을 생각하는 것이 아니오." 하며 거절은 하였으나 약혼자에게 반항하는 미안한 마음에 그렇다고 결혼을 하자니 사업에 방해가 될 것 같은 딜레마에서 그는 무한히 번민했다고 한다.

이번에 최 양이 위독하게 되었을 때 물론 그 약혼자에게도 전보를 쳤다. 이 급보를 받은 K 군인들 오죽이나 뛰어나오고 싶었으랴! 그러나 원수의 돈으로 살아생전에 나오지를 못하고 천신만고로 노비(路費)를 변통해 가지고 이 땅에 다다랐을 때는 이미 애인 최 양은 관 속에 든 몸이 되었다 한다. 이를 본 K 군은 단지를 하고 관을 뜯어 달라고 미칠 듯이 애통하였으나 때가 이미 늦었으므로 하는 수 없이 그 얼굴이나마 보지를 못하고 묘지로 향하게 되었을 때 그의 애통하는 양은 사람의 눈으로 볼 수 없었다. 자기의 외투나마 최 양의 관 위에 덮어 달라고 해서 이 외투는 최 양과 함께 땅에 묻었다고 한다. 그 남자가 최 양의 무덤을 치며 목메어 하는 말 "용신아! 왜 네게는 여자들이 다 갖는 그 허영심이 왜 좀 더 없었더란 말이냐!" 하며 정신을 잃었다 한다. 최 양이 세상을 떠났다는 소문을 듣자 40~50리 밖에서까지 사람들이 모여들어 그의 상여 뒤에는 수백 명의 군중이 뒤를 따라 묘지에까지 갔었다고 한다. 그리고 평소에 최 양이 만지던 물품들을 저마다 갖다 두고 "우리 선생 본 듯이 두고 보겠다."라고 하며 제각기 울며 뺏어 가니 나중에는 요나 베개나 신발까지도 눈물 받던 치맛자락에 싸 가지고들 부모상이나 당한 것처럼 비통에 싸여서 끊일 줄을 몰랐다고 하니 세상에 천사가 아니고 무엇이었으랴!

과연 최 양은 미증유의 농촌사업가라고 해도 과언이 아닐 것이다. 23세(26세의 오류 — 인용자)라는 그 젊은 시절을 오로지 조선의 농촌을 위해 그 피를 기울이고 훌륭한 사업의 열매를 맺어 놓았으니 그는 과연 땅에 떨어진 한 알의 밀알이니 그는 여기서 반드시 새싹을 낼 것이다. 오로지 샘골의 농민들을 위해서 마음과 정신을 다 바치고 육신까지 바쳤건만 그 마음에 다 못 한 것이 남아 있음이었던가? 제가 죽으면 천곡강습소 바로 마주 보이는 곳에다 묻어 달라고 유언한 대로 강습소 바로 맞은편에 묻혔으니 만일 그의 망령이 있다면 언제나 이 천곡강습소를 위해 축복의 손길을 거두지 못할 것이다.

고 최용신 양 그대는 갔다고 하나 그대의 끼쳐 준 위대한 정신이 있으니 어찌 몸이 없어졌다고 그대를 갔다고 하며…… 인생 100년에 비해 23년(26년의 오류 — 인용자)은 짧은 것이겠다. 그러나 최 양의 위대한 사업이 있거든 그대의 일생을 어찌 짧았다 할 것이냐!

11. 최용신과 방애인 영전에 바치는 조시

강승한, 「조시(弔詩): 최용신 여사 영전에 바침」, 《기독신보》(1935년 6월 19일 자)

신문의 보도는 받은 지 오래였으나 자세한 그의 일대생기(一代生記)는 어느 잡지에서 요사이에야 읽었다. 여기서 누가 아니 울랴! 목이 메고 눈물이 흘러서 쏟아짐을 나는 금할 길 없어 그저 울고 또 울었다. 남들이 쓸데없는 행락에 사는 그날과 그 시간과 그 청춘을 조선에 바치고 조선을 위해 분막(墳幕)을 지어 놓고 천국으로 가 버리시었다. 아아 우리의 '얼'을 빛낼 나이트(기사)여! 천곡의 발자취여!

모지른 비바람에 흩어진 한 다발 꽃의 향기를 모두고
가물가물 꺼져 가는 겨레의 마음을 축여 주시오며
연약한 두 손에 불 켜 들고 외치신 이여!
우리의 선구자여! 가시었나이까?
샘골에 남은 자취 뚜렷하여
이 땅에 남은 우리 눈물 지웁니다.
오오 아름다운 죽음이여! 마지막이여!
눈멀었던 형제 밝아지매 이 누리도 밝아지오리다.
반밤에 잠들은 어린 싹은 새날에 살리우고
무지(無智)에 쓰러지는 이들에게 삶을 부어 준 이여
가신 당신의 마음은 거룩한 마음은
캄캄한 그 골목에 닫힌 문을 열었사외다.
아아 단상(壇上)에서 쓰러지던 그 몸이여!
입 돋고 꽃 피인 그 뒷산에 무덤을 지은 이여!
마지막 숨결을 거두면서도 그 태를 잊지 않고
영겁에 깨지지 않을 미소에 고이 가시었구려
이 땅에 살고 이 땅을 위하고 이 땅을 키운 아까운 리더여!
하늘에서도 이 땅을 잊어버리지 않으려니

이날에 눈물지는 몸들 부끄럼에 고개 숙어집니다.
아아 불멸의 영(靈)이여! 길이 안식하소서.

— 어신천(於信川)

대창(大昌), 「조선의 진 꽃」, 《기독신보》(1935년 6월 19일 자)

누님의 얼굴은 사진에 처음
눈 익혀 보니 본 듯도 하이
좁은 땅 일 많아 일꾼을 찾으니
누님이 신 들고 거리에 섰도다.
주려 앓는 아이 품에 안고
등 시려 떠는 아이 등에 업고
해 지는 산길에 고개를 넘는
고아의 어미 일 맡으셨도다.
기도의 응시는 맘을 따르고
전도의 성렬은 몸을 바쳐서
가시밭 만난 속 건짐이 많으니
하늘에 충의를 다한 용사로다.
주림도 내 뜻이 아니고
앓음도 내 뜻이 아니리
현실에 고와 질은
미래에 장식할 숨은 꽃이로다.
누님은 아깝다
무덤을 보고 일과 조선을 보니
누가 이어 일하리 네냐? 내냐?
땅를 치고 가슴 치며 울리라

— 4월 8일 야(夜) 『방애인 소전』을 빌려 읽고!

12. 천곡강습소 폐쇄 명령과 운영난

「수원 천곡강습소에 돌연 폐쇄 명령, 교육이 불완전하다고 100여 아동 노두(路頭) 방황」, 《조선중앙일보》(1936년 7월 11일 자)

수원군 반월면 사리에 있는 천곡학술강습소는 지금으로부터 5년 전 10월에 감리교회에서 설립하고 농촌 부녀들의 문맹 퇴치와 무산 아동 교육에 많은 공헌이 있었던 중 금년에 와서는 140명이나 되는 무산 아동을 수용하고 있는데 지난달 18일에 와서는 돌연히 군 당국으로부터 폐쇄 명령이 내리었으므로 할 수 없이 문을 닫고 아동들을 돌려보냈다는데 100여 아동들은 책보를 끼고 배울 곳을 찾지 못해 도중에서 방황 중이라 하며 동 면민 일반은 군 당국의 처사를 비난하고 있다고 한다.

결여한 교육은 도리어 해독, 지전(池田) 시학담(視學談).

그런데 이에 대해 지전 시학은 다음과 같이 말하였다. 천곡강습소를 폐쇄시킨 것은 사실이외다. 불완전한 교육은 도리어 가르치지 않는 것이 좋다고 생각합니다. 그리고 천진난만한 아동들에게 해독을 끼치지 아니할까 하는 염려도 없지 않습니다. 또한 가지는 설립자가 학교 가까이 있지 않고 경성으로 이거해 있는 까닭에 아동 교육에 대한 상의도 할 수 없습니다. 그리하여 여러 가지 점으로 할 수 없이 폐쇄시킨 것입니다. 운운.

「어촌 유일의 교육기관 천곡강습소 폐쇄? 설립자 인퇴(引退)로 경영난에 빠져, 고 최 여사 10년 헌성지」, 《동아일보》(1939년 4월 6일 자)

수원군 반월면 천곡리에 있는 천곡강습소는 수원군 서해안 반도 어촌의 하나인 무산 아동 교육 기관인바 소화 4년도에 감리교회 교육사업부의 계통으로 최영신(최용신의 오류, 최초 설립자는 밀러 — 인용자) 여사의 노력으로 설립되어 천곡리 감리교회당을 빌려 가지고 아동 근 100여 명을 교수했다 하며 갖은 풍파를 다 겪어 가면서 전기 최 씨는 노는 날이면 산에 가서 돌을 치마 앞에다가 하나씩 둘씩 모아 가며 혹은 생도들이 실습한 수입과 이 동리 저 동리로 다니며 한 푼 두 푼 모아 가지고

노력의 노력을 거듭해 소화 8년도의 천곡리 뒷동산에다가 양철집으로 한 20여
평을 건축해 근 200여 명의 아동을 수용해 4년 제도로 되어 제1회 졸업생 6명을
내이면서 전기 최영신 씨는 신병으로 인해가 세상을 애처롭게 떠나고 말았다는데
전기 최 씨가 작고하며 동생인 최영신(최용경의 오류 — 인용자) 씨가 다시 한적한 어
촌에 와서 죽은 형의 교육 사업 하던 것을 계속해 오던 중 강습소 설립자 문제가 되
어 갖은 파란을 받아 가며 하는 수 없이 일본 내지인 대산강일(大山江一) 씨가 설립자
가 되어 오던 중 금년에는 1학년 신입생 50명을 모집해 근 200여 명이나 되는데
단지 2학급밖에 안 되므로 200여 명을 수용할 수 없어 급선 문제는 교사 증축 문제
인데도 불구하고 전기 오오야마 씨는 요사이 와서 설립자를 그만두겠다고 하므로
동 강습소 측에서는 설립 문제로 인해 많은 곤란을 받고 있다 하며 전기 오오야마 씨
말에 의하면 말할 수 없을 만큼 요구 조건을 들어준다면은 다시 설립자가 되어 주겠
다고 하며 만일 강습소 측에서 요구를 응치 않는다면은 설립자 문제로 인해 천곡강
습소는 운명이 위태하다고 한다.

「천곡강습소로 고소를 제기」, 《동아일보》(1940년 7월 3일 자)

수원군 반월면 천곡리에 있는 천곡강습소는 수원군 서해안 반도 어촌의 하나인 무
산 아동 교육 기관인바 이 강습소는 소화 4년에 최용신 여사의 노력과 동리 가정부
인들의 주선으로 동 강습소를 설립해 아동 100여 명을 모집해 가지고 천곡리 감리
교당을 빌려 가지고 교수해 오던 중 재정난에 빠져 갖은 풍파를 다 겪어 가며 전기
최 씨는 노는 날이면 산에 가서 돌을 치마 앞에다가 하나씩 둘씩 모아 가며 혹은 생
도들의 실습한 수입과 동리 부인 저축계서도 모은 돈과 푼푼이 모은 돈 150여 원과
동정 청년들이 노력을 거듭해 소화 8년도의 천곡리 위 동산에다가 양철집(초가
집 오류)으로 교사 20평을 신축하고 근 200여 아동을 수용해 4년제로 되어 제1회
졸업생 6명을 내이면서 전기 최용신 여사는 신병으로 인해가 세상을 애처롭게 떠
나고 말았다는데 그러나 전기 강습소 신축 당시의 같이 교회 교육사업부에서 현금
150원이 보조가 있었다는데 전기 최 씨가 이 세상을 떠난 후 오오야마(大山)이라는
사람의 인가를 가지고 교수해 오던 중 금년 4월 중순에 와서 전기 오오야마 씨는 전

기 강습소의 손을 끊고 반월면 사리에다가 간이학교가 설립됨을 따라 당국으로부터 전기 강습소는 돌연 폐쇄 명령을 받고 즉시 폐교했다는데 간이학교는 교수할 교사가 없어 일대 곤란을 받고 있으므로 동리 사람들은 전기 강습소 교사를 빌려주었는데 이 간이학교에서는 교회 소유이니까 빌려줄 수 없다고 하므로 동리 사람들은 이것에 분개해 동 대표 이진학 씨로부터 경성부 정동정(京城府 貞洞町)에 있는 기독교 감리회 유지재단 대표이사인 '에취 띠 가펜줄라' 씨를 걸어 지난 28일 부동산 소유권 확인 청구를 경성지방법원 민사부에 제출했다고 한다.

13. 『상록수』를 연재하는 신문 광고

「본보 창간 15주년 기념 500원 장편소설 심훈 씨 작 『상록수』 채택」, 《동아일보》(1935년 8월 13일 자)
응모 작품 52편을 엄밀히 고선한 결과, 지상 발표는 9월 중에

본보가 지난 4월 1일의 창간 15주년을 기념하는 사업의 하나로 500원의 사례금으로써 장편소설을 천하에 공모한 것은 일반이 다 아는 바이어니와 이제 그 경과 및 결과를 발표하면서 다음과 같은 좋은 작품을 얻게 된 것을 독자와 아울러 기대하는 바입니다.

소설의 모집 기한인 6월 말일까지에 신인은 물론이요, 문단의 지명 작가도 다수히 응모해 총수 50여 편에 달하여 수에 있어서 벌써 예상 이상의 호성적을 얻었습니다.

이번의 소설 공모는 종래 다른 데서 시험한 바와 같이 예선 결선 등 방법을 취하지 아니하고 일체 탈고해 보내라 하였고, 더욱이 기한이 좀 무리에 가깝다 하리만치 짧았음에도 불구하고 이만치 다수한 응모 작품이 있은 것은 실로 예상 이상이라 아니할 수 없었습니다. 산같이 쌓인 응모 원고를 엄밀히 고선하기 위해 본사에서는 편집국원 중에서 여섯 사람을 고선위원으로 선정하였습니다.

고선 방식은 위원 6인이 한자리에 모이어 그중에서 한 사람이 낭독하고 다른 사람들은 그것을 주의해 들어 가면서 자기의 느낀 대로 수첩에 적어 가지고 그 결과를 종합해 다시 토의하고 하였습니다. 이러한 방식으로 처음에도 각 편을 제10

회까지 읽어 보아 그중에서 21편을 뽑아내고 그다음에는 이 21편을 각각 30회까지 읽어 보아 그중에서 9편을 뽑아내고 그다음에는 9편을 각각 제52회까지 읽어 보아 그중에서 3편을 뽑아내고 그 3편은 전부 통독해 가지고 그중에서 한 편을 뽑아내었습니다. 이 고선에 소요한 일수가 전부 20일이요, 최종의 3일은 거의 밤을 새우다시피 하기까지 하였습니다.

이렇게 신중히 또 엄밀히 고선한 결과 심훈 씨의 『상록수』가 채택되었습니다.

이 소설은 본사가 이번 소설 공모를 발표할 때에 희망 조건으로 제시한 바와 같이 첫째 조선의 농어산촌을 배경으로 하여 조선의 독자적 색채와 정조(情調)를 가미할 것, 둘째 인물 중에 한 사람쯤은 조선 청년으로서의 명랑하고 진취적인 성격을 설정할 것, 셋째 신문 소설이니만치 사건을 흥미 있게 전개시켜 도회인 농어산촌인을 물론하고 다 열독하도록 할 것 등의 모든 조건에 부합할 뿐 아니라 그 밖에 여러 가지 점으로는 근래에 보기 어려운 좋은 작품입니다. 본사는 이러한 좋은 소설을 얻어 한편으로 농어산촌 문화에 기여하고 한편으로 독자 제씨의 애독을 받게 될 뿐만 아니라 문단적으로도 커다란 수확을 동시에 거두게 된 것을 끔찍한 자랑으로 생각하는 바입니다.

이 소설이 본지에 실리기는 오는 9월경부터로 되겠습니다. 미리부터 기대를 크게 가지고 기다리십시오.

끝으로 이번에 응모해 채택되지 못한 여러분을 위하여서는 매우 섭섭히 생각하면서 그렇게 많은 원고를 단시일에 탈고해 보내신 수고를 감사하여 마지아니합니다.

고선위원의 말에 의하면 이번 응모한 분 중 신인도 다 장래가 크게 촉망된다 하니 이번에 채택되지 못한 데 대해 낙망하지 말고 더욱 용기를 떨치어 장래 크게 이름이 있기를 바랍니다.

채택되지 못한 원고들은 반송료를 첨부하여 주소를 통지하시는 대로 곧 반송하겠습니다. 이미 반송료를 첨부하여 제출한 분이라도 주소는 다시 한번 통지해 주시기 바랍니다.

『상록수』 작자 심훈 씨의 약력

『상록수』의 작자 심훈 씨는 일찍이 경성제1공립고등보통학교에서 배우고 동경에
유학하다가 다시 중국에 유학하고 돌아와 동아일보사 기자로 활약하였고 영화 방면
에 특별한 흥미를 가지어 감독술을 배우기 위해 일활(日活)에 가 있다가 돌아와 「먼
동이 틀 때」라는 영화를 제작하였고 그 뒤에 《조선일보》와 《중앙일보》에 기자로 있
으면서 신문 소설에 붓을 대어 『영원의 미소』, 『직녀성』 등의 작품을 내었고 지금은
충남 당진군 부곡면 자택에서 독서와 창작에 몰두하고 있다 합니다.

「본보 창간 15주년 기념 500원 장편소설 심훈 작 『상록수』 청전(靑田) 화(畵) 9월 10일부 석간부터 연재」, 《동아일보》(1935년 8월 27, 30일, 9월 1, 3, 6일 자)

본지가 창간 15주년을 기념하는 사업의 하나로 사례금 500원으로써 장편 소설을
천하에 공모하여 다수한 응모 작품 중에서 엄선 엄선한 결과 문단의 지명 작가인 심
훈 씨의 역작 『상록수』가 채택되었음은 지난 8월 13일부로 발표한 바입니다. 작자
심훈 씨에 대하여서는 그때에 소개한 일도 있지만 그러한 소개를 기다리지 않고도
이미 일반이 다 아는 바이나 이에는 약(略)하거니와 씨의 소설의 채택이 한번 발표
되자 사회 각층의 독자로부터 매일같이 어서 게재하라는 주문이 답지함을 보아 이
소설이 미리부터 얼마나 일반에게 커다란 기대를 받고 있는가를 알겠습니다.

이 소설은 본사가 이를 공모할 때에 제출한 모든 요구와 신문 소설로서의 여러 가지
조건에 충분히 부합할 뿐만 아니라 문단적으로 보아도 근래의 큰 수확이니 독자 여
러분의 기대에 어그러짐이 없을 것은 굳게 믿는 바입니다.

게재되는 동안에 남녀 주인공의 씩씩함을 배워 '나도 일하리라.'라고 팔을 걷고 나
설 이 땅의 젊은이가 수많이 있을 줄 압니다. 그뿐입니까. 여기에 눈물이 있고 웃음
이 있고 사랑이 있으니 독자 여러분은 각자 구하는 대로 이 소설에서 얻을 것입니다.
그리고 삽화는 조선 산수화에 있어서는 사계의 독보인 청전 이상범 화백이 그 원숙
한 붓을 휘둘러 새로운 경지를 개척해 보이기로 되었습니다. 실상 이 소설이 주로 조
선의 산수를 배경으로 해 조선의 농촌 생활을 그려 가느니만치 삽화가로서의 청전
화백의 가장 자랑스러운 솜씨가 여기서 충분히 보여질 것이며 따라서 이 소설에 이

삽화는 그야말로 금상첨화를 문자 그대로 보여 줄 것입니다.

이 소설은 9월 10일부 석간부터 게재하겠습니다.

작자로부터

내가 겨우 약관을 지내서 처음으로 봉직하였던 곳이 《동아일보》요 또한 처음으로 신문 소설에 뜻을 대어 다른 분이 번역하다가 버리고 간 「미인(美人)의 한(恨)」과 조선서 처음으로 「탈춤」이란 영화 소설을 실리기도 한 곳 역시 《동아일보》였습니다. 이러한 얕지 않은 인연이 있는 《동아일보》에 그 창간 15주년 기념으로 나의 작품이 실리게 된 것은 기쁜 일입니다.

또 한편으로는 『영원의 미소』를 끝낼 때에 그 후편을 쓰겠노라고 독자와 약속을 하였었는데, 이번 소설에 (인물적 사건은 같지 아니하나 귀농한 인물들의 그 후의 움직임을 보인 점에 있어서……) 사(社)에서 주문한 모든 조건이 작자가 생각해 오던 바와 우연히 부합됨에 용기를 얻어 그 공약을 수행할 기회를 얻게 되었습니다.

빈약하나마 머리를 짜내기에는 가장 괴악한 늦은 봄철에 한 50일 동안을 주야겸행으로 펜을 달려 기한과 횟수와 또는 그 밖의 모든 약속을 받으면서 써낸 것입니다.

소설의 내용에 들어서는 발표되는 대표 작품이 대변할 터이니까 미리 말씀드릴 필요를 느끼지 않습니다마는 겉으로 지나치게 뒤떠드는 일은 매양 명실(名實)이 상부(相副)치 못하는 법이라. 졸작이 애독자 여러분의 기대에 과히 어그러지지나 말기를 스스로 빌 뿐입니다. 그리고 창작에만 몰두하는 작가는 오직 다소곳이 머리를 숙이고 여러분의 엄정한 비평에 귀를 기울여야 할 줄 압니다.

끝으로 한 말씀 하는 것은 지난날에 직업 관계로 태만히도 신문에 공모되는 작품을 고선하는 데 간여해 오던 사람으로서 비록 신인만을 구하는 것이 아니라고는 하였으나 이번에 응모한 것을 비웃는 친구도 있을 듯하나 나는 이 기회에 감히 선언합니다.

"소생은 영원한 문학청년으로 늙겠소이다!"라고.

— 당진 필경사에서

14. 천곡 방문기

박승극, 「천곡 방문기: 최용신 양의 유적을 찾아」, 『다여집(多餘集)』(금성서원, 1938).

해변의 일

오정이 좀 넘어서였다. 봄볕은 다소하나 바람이 모지게 분다.

"아마, 바닷가라 그런가 보다?"

나는 R 씨와 나란히 서서 레일 위를 걸으며 해풍이란 말을 생각했다.

바람이 품속으로 자꾸 기어든다. 제법 치운 기가 들었다.

'봄에 봄철 옷을 입은 탓은 아니언만?'

봄바람이 치마 속으로 들면 시굴 색시가 난봉난다는데, 만일 이런 바람이라면 어떤 난봉날 충동은커녕 연약한 살에 치위만을 느끼게 할 듯하다.

"어쩨 이리 바람이 심해요?"

양복 윗저고리 단추를 끼면서 R 씨에게 물었다.

"글써? 오늘은 웬일일까?"

"다른 땐 이렇게 불지 않나요?"

"아니요, 다른 때는 괜찮아요."

"바닷가라 그렇잖을까?"

"아니, 어디나 마찬가지걸."

R 씨는 단장을 휘휘…… 저으며 간단히 대답하는 것이었다.

'이 양반이 벌써 바다 살림에 무져진 모양인가?'

바람이 부는 것을 아무렇지도 않게 여기는 것은 필연코 해풍을 쐬는 데 익은 때문일 것이다.

바로 해변에 오뚝하니 집 한 채를 짓고 외로운 생활을 하는 이 탈속한 지주, 기벽(奇癖)의 사(士)를 다시 한번 쳐다보았다.

철로를 놓은 지가 일천하니까 레일도 새롭다. 발자국을 떼어 놀 적마다 달가닥…… 소리가 난다.

마침 화물차가 기적 소리 한마디 없이 앞으로 달려온다.

바람 소리에 기차 오는 것을 알지 못했던 우리는

"하마터면!" 하고 재빠르게 철로 뚝 아래로 내려섰다. 차돌로 쌓아 올린 것이라 구두가 말을 듣지 않아 미끄러질 뻔했다.

"빼……."

기차는 우리를 지나쳐 놓고서야 방정맞은 소리를 치는 것이다.

우리는 도루 뚝 위로 올라섰다.

하루에도 몇 번씩 갔다 왔다 하는 철마!

억센 조수 밀리는 소리, 또한 뱃사람들의 우렁찬 뱃노래와 구슬픈 북소리, 그리고 바닷새의 와각거리는 소리만이 원시적인 이 포촌 일대를 뒤흔들던 것은 어느덧 과거의 일이 되어 버렸다. 근대 과학 문명의 소산인 철마의 함성은 이 모든 소리를 능가하고야 만 것이다.

대자연은 정복된다. 인간 생활은 유변한다.

사람들이 겨우 통행하는 데 족했을 좁은 길이 휘언한 신작로로 변해지고, 밭과 논과 산 가운데에 무지꿍 철로가 놓일 줄을 이곳 백성들은 어찌 꿈에나 상상인덜 했을 것이냐?

해안선을 끼고 부설된 철로는 물론 돈 벌기를 첫째의 목적으로 한 것이리라. 배로 가는 승객과 화물을 끌기 위한 그만치 고기나 잡고 농사나 짓는 이 땅 인민들의 생활상에 격변을 일으키게 된 것이다.

'아! 유동변천(流動變遷)하는 인간 사회의 종국(終局)은 어떤 것일까?'

나는 그것이 궁금했다.

"또 걸렸군!"

R 씨가 중얼대는 바람에 앞을 쳐다보니 철도 공부(工夫) 여러 사람이 옹기종기 서서 무엇을 하고 있다.

'창피하게 봉변이나 당하지 않을까?'

철로 위로 걸어가다가 공부에 붙들려 매를 맞고 똥오줌을 쌌다는 내 동네 사람의 생각이 불현듯 났다.

"괜찮을까?"

"글세?"

우리는 사내답지 못하게, 그러나 앞이 꿀리니까 하는 수 없이 뚝 아랫길로 내려섰다.

공부들은 물끄러미 쳐다보더니만 아무 말 없는 것이다.

'우리가 양복을 입은 탓일까? 그렇다면 양복 덕을 보는 것이로운?'

세상일이 우스웠다.

그들 옆으로 지나가도 힐끗 쳐다보고 그만두는 것이다.

우리는 지레길로 들어섰다.

솔나무가 다북한 얕은 산. 산 아래서 보리밭을 매고 있던 사람이 호미를 쥔 채 일어서며

"아, 오서요?"

하고 R 씨에게 반가이 인사를 한다.

보리 싹은 파랗다. 그의 얼굴은 누렇다.

'이분의 소작인인가? 그렇지 않으면 이분을 존경하는 사람인가?'

여기까지 올 동안 보리밭 매는 사람들을 만날 적마다 공순한 인사를 받는 R 씨에 대하여 마음속으로 생각해 보는 것이었다.

"흥, 흥, 흥…… 밭 매쇼?"

R 씨는 그 농민의 인사를 다정스럽게 받았다.

사(死)의 가(家)

잔디 덮인 산. 적은 소나무 사이로 납작납작한 묘들이 쭉 깔리었다. 말할 것 없이 임자 없는 고총들이다.

'뱃사람들이나 가난한 농사꾼들이 되는대로 살다가 되는대로 죽어 파묻힐 것이리라.'

이 무명의 인간들이 단 하나 최후로 남긴 흙덩이조차 불쌍해 보였다.

누구나 다 자기가 묻힌 땅을 가졌다는 성자의 말이 틀린 수작은 아닌 것 같다.

간 곳마다 이런 고총들이 많은 것을 볼 때 나의 마음은 비할 데 없이 서글프다. 사람들은 무엇을 하려 끊임없이 살고 죽고 하는가?

그러나 사람이 나서 그처럼 초라한 최후를 남길진대 차라리…….

태곳적부터 인간은 자연과 싸우고 인간끼리 싸우고 하면서 살아왔다. 또 죽어 버렸다. 지금도 여전히 그렇다.

'대체 생사의 진리는 무엇이란 말인가? 아! 허무한 인생이여!'

"참, 거기 모이가 많다."

나는 부지중 외쳤다.

"그래요."

R 씨는 기계적으로 대답하는 것이었다.

내 마음속을 그는 알지 못하리라.

산등성이에 올라서니 올망졸망한 초가집들이 보였다.

저 사람들의 살고 있는 집이 또한 죽어서 묻히는 묘보다 무엇이 나을까? '사(死)의 가(家).' 그들의 생활! 사는 것이나 죽는 것이나 무의미하기론 마찬가지가 아니냐?

"아, 어쩐 출입이서요. 하하하."

다 쓰러진 집 앞에서 수숫대로 울타리를 치고 있던 사람이 반기며 R 씨에게 인사를 하는 것이다.

이 불쌍한 백성, 또한 삶이 죽음보다 더 날 게 무엇이랴?

그러면 나는 사의 찬미자란 말인가? 그럴까? 그러나 아니다, 아니다, 결코 그런 것이 아니다.

"여기가 천곡이오."

R 씨가 단장을 짚고 서서 하는 말이다.

나도 한숨을 고르고 우두커니 섰다.

한번 보아 샘골이란 이 동네는 황폐할 대로 황폐한 빈촌이다. 그리고 근 수십으로 헤아릴 호수(戶數)의 조그만 한촌(寒村)이다.

맞은편 산고개에 서 있는 함석집. 이것이 고 최용신 양이 남겨 놓은 '천곡강습소'라는 것이다.

동네 맨 끝 철로 옆 창송을 끼고 있는 회벽한 집 '도데라'(온포)를 입은 노인이 거기로 들락거린다. 그 집 담 뒤에서는 두루마기를 입은 남자와 치마저고리를 입은 신여성들이 한데 어울려 왔다 갔다 한다.

우리는 마을 가운데로 내려갔다.

R 씨는 동네 사람의 인사를 받으면서 앞서 걸었다. 나는 그 뒤를 따라갔다.

동네 가운데에 들어와 보니 더 쓸쓸한 기가 돈다.

곧장 강습소로 올라갔다. 이미 하학을 해서 청소 당번 아이들 몇만 남아 있을 뿐 괴괴하다.

"저기 저게 최의 묘요."

R 씨는 교사 뒤로 돌아가서 건너편을 가리키는 것이다.

"아, 저것!"

봉긋봉긋한 묘가 꽉 들어찬 공동묘지 꼭대기 한복판에 조그만 비석 하나가 홀로 수호하고 있는 한 템의 봉분!

이것이 미완성 성녀가 묻혀 있는 슬픔의 '가나안 복지(福地)'다.

나와 R 씨와 미완성 성녀와……

샘골은 수원군 반월면, 서해안에 연해 있는 농촌으로서 수년 전 고 최용신 양이 생명을 걸고 계몽 운동을 하던 곳이다.

당시 각 신문, 잡지에 단편적으로 소개된 일이 있고 고 심훈 씨가 이곳에서 취재했다는 장편소설 『상록수』를 써서 낙양(洛陽)의 지가(紙價)를 올린 일이 있으므로 조선의 대부분의 지식 분자들은 이곳을 기억할 것이다.

내가 여기를 찾게 된 것은 전부터 욕심내던 소설 재료를 취하기 위해서이다.

실상은 최가 살았을 때 R 씨가 한번 놀러 가자는 것을 나는 거절하였던 것이다. 전같이 농촌의 일을 즐겨 찾아다니는 판이라면 물론 흔연히 갔을 것이지만, 그때 나의 서리 맞은 생활은 고민으로 일관해 그런 데에 여념이 없었으며, 또한 생각만은 그러한 나로드니크적 '사업'을 찬성치 않을 울트라였기 때문에 그저 한 기특한 여성, 젊은 급진적 기독교 신도의 기분으로만 여기어 경멸히 보았던 것이다.

그러나 최가 죽은 뒤 시세는 더 엄청나게 변했다. 나의 생각조차도 이것의 영향을 받지 아니치 못했다. 다만 '문필을 드는 데 충실하자!'라고 애썼다. 그때 최용신이 문학

작품의 훌륭한 주인공이 될 수 있고, 또 그 사적이 거대한 스케일의 테마가 될 수 있다는 것을 발견하였던 것이다.

나는 재능이 부족하면서도

'그것으로 소설을 하나 써 보았으면……'

하고 별렀었다.

별러 오던 중 심훈의 『상록수』(《동아일보》)가 나왔다. 차차 읽어 보매 '청석골'이 '샘골'이요, '채영신'이가 '최용신'이라는 것을 알 수 있었다. 나는 그만 단념해 버리었다. 그 뒤 나의 소위 문필 생활은 위미부진했다. 이렇다 할 만한 작품 하나도 내놓지 못했다. 처음 기획을 바꾸어 보다 큰 스케일의 장편 소설을 하나 쓰기는 했으나 아직껏 세상에 내놓지 못한 것이다. 그것이 즉 이번에 출판하려다가 못 한 「희망」(제1편)이란 소설이다.

근간 '쓰지 못하는 문학가'가 된 나는 정체된 문학 수업을 어떠한 방식으로나 재출발코자 고심하는 차다.

나는 지금 내가 품고 있는 '생각'을 만인의 앞에 숨기고 싶지 않다. 첫째 나는 이 땅에서 살지 않으면 안 되는 자이므로 뻔한 이 사실을 카무플라주 할 수 있으며, 또 한들 무엇 하랴? 보다도 나는 그런 능수의 인간이 아니다.

이번에 천곡을 찾은 것은 무슨 특별한 농촌 문제에 관심이 있어서라거나 또는 어떤 딴 일이 있어서가 아니라 단지 작품의 재료를 얻기 위한 때문이라는 것을 여기에 명시해 두는 바이다.

각설. 나는 여러 해 만에 R 씨와 서정(敍情)하다가 문득 천곡의 소식을 물었던 것이다. R 씨로 말하면 그만 해도 10년이 지난 그때부터 친교가 있는 분이다. 그는 이곳에서 유수(有數)한 지주로서 기독교적 교육 사업에 많은 공헌이 있으며, 내가 알기에는 이상한 성미를 가진 분이다.

그와 친하기는 하나 그의 참마음을 알 수 없는 이상한 사람이다. 그러나 어찌로 보든지 세태가 변한 오늘에도 구정(舊情)만은 잊지 못할 그와 나와의 사이다. 나는 그때 그의 읍내 집에서 식객 노릇을 했다. 미안스러운 생각은 언제나 잊히지 않는 것이다. 그가 이 해변으로 이주를 했다는 말은 벌써 들었지만 한번 찾아가 보지도 못하던 차에 이번 우연한 가사(家事)로 이 부근까지 왔다가 배방(拜訪)할 기회를 가진 것이다.

"어째 이런 바닷가로 이사를 했습니까?"

"그저 그랬지."

또한 알 수 없는 대답이다.

'필연 첫째는 자기의 영지를 근거로 돈을 벌기 위해서이겠고, 둘째는 해변 생활에 취미가 있는 때문이겠지?'

나는 나 혼자 뜯어 생각했다.

"그저 그랬다니?"

그러나 다시 한번 물어보았다.

"뱃놈이 이런 데가 좋지. 흥흥흥……."

"뱃놈이라니? 배 부리쇼?"

"흥흥흥…… 세상이 다 귀찮아서 은둔 생활을 하러 왔소. 흥흥흥……."

여전히 알 수 없는 말이었다.

"그런 성미는 변하지 않았군."

그의 신변에 대해 더 묻고 싶지가 않았다. 그렇지만 그의 그런 성격이 구수하기도 했다. 이어서 천곡 이야기가 꺼내진 것이었다.

R 씨가 고 최용신 양의 사업을 위해 독지(篤志) 파트로, 아니 유일의 고문이었다는 것, 또 천곡강습소의 전적인 책임자였다는 것, 최의 사후에 친딸을 장사지내듯 도맡아 보았다는 것, 따라서 최용신 양의 인간으로서의 사업으로서의 세밀한 것까지 모두 다 알게 되었다. 또한 천곡 일대의 상태와 그 후의 천곡강습소의 형편을 들어 알았다.

비로소 심훈 씨의 『상록수』의 여주인공 채영신이 최용신과 다른 인물이라는 것과 남주인공 박동혁이 최의 애인과도 다르다는 것을 간취했다.

최용신은 유족(裕足)한 생활을 하는 양반 가정에 태어났으며, 미인이 아니므로 박박 얽은 곰보였다. 그의 애인 박동혁과 같은 씩씩한 청년이 아니라 상인 출신의 심약한 사나이였다. 그들의 사랑에는 비애가 얽히었다.

나는 『상록수』보다 훨씬 재미있는 작품의 재료가 그대로 파묻혀 있구나! 하고 놀랐다. 위선 그것과는 주제의 설정부터 달라질 것이다. 사실 그대로만 기록한대도 하나의 르포르타주가 될 것 같다.

"그럼 좀 천곡을 구경할 수 없을까요? 여기서 멀잖지?"

나는 바짝 마음에 당기었다. 전에 막연하게 소설 재료가 될 수 있겠다고 생각만 하던 것과는 다른 문학적 감흥의 용출을 금키 어려웠다. 물론 R 씨에게서 듣는 것만으로는 작품이 되지 못할 것이다.

"글쎄? 바로 저긴데 멀기야 멀겠소만…… 별것 없어, 예배당허고 학원허고…… 그저 그렇지. 하여튼 구경할 겸 가 봅시다."

R 씨는 한참 만에야 응답하는 것이다.

내가 그의 주저하는 본의를 모른 바 아니다. '저 사람과 같이 가는 것이 어떨까?' 하는 그것을.

"괜찮아요. 아무 일 없어요. 지금의 나는 그전의 내가 아니니까…… 허허허……."

"흥흥흥……."

나도 웃고 그도 웃었다.

R 씨 역시 지금의 남의 심경과 처지를 이해치 못할 리가 없다.

그리하여 우리는 최 양이 애끼고 보던 사진첩을 그만 덮어 놓고 천곡 방문의 길을 떠난 것이다.

인생이란?

솔밭 언덕을 내려가 논틀 하나를 건느면 공동묘지다. 잔디가 쪽 깔리었다. 주변에는 얕은 성이 둘러 있고 전면으로는 파란 '지팽나무'들이 우거져 있다. 이것으로써 이승과 저승을 구별하려는 것인가?

그러나 그 구별하려는 인간들의 심리가 가소롭다.

앞으로 터진 데, 말하자면 저승문을 한 걸음 들어설 때 나의 감정의 칼날은 더 예리해졌다. 새파랗게 날이 선 면도칼날 같았다.

성안은 괴괴하다. '묘지와 같은 침묵'이라는 말이 옳다고 생각했다.

말 없는 사람들의 집 ─ 묘. 쓴 지 오랜 것도 있고 혹은 갓 쓴 것도 더러 있다. 이 공수

(空手)로 왔다 공수로 가 버린 쓸데없는 인간들! 그래도 산 사람들은 죽은 사람들을 고이고이 땅속에 묻어 줄 줄을 안다. 그것은 자기도 이와 같이 죽으면 고이 묻어 달라는 예약적 의무심(義務心)의 장구한 발전에서인지도 모른다.

"내가 죽거덜랑 잘 묻어 다우."

세속 사람들의 이 우언(愚言)을 들어 보라!

어찌 고생을 하면서도 '안장(安葬)'을 염원하는 인간들의 비애가 아닐까 보다?

'어리석은 인간들이여!'

나는 아무런 해 놓은 것 없는 흙 테미들을 지나 맨 꼭대기의 묘 앞에 마음을 가다듬고 섰다.

농촌사업가(農村事業家) 최용신 선생(崔容信 先生) 지묘(之墓).

나의 고개는 잠깐 동안 숙어졌다.

뚱그랗게 모아 놓은 봉분! 그곳에는 고추보다도 더 맵고, 돌보다도 더 단단하고, 샘보다도 더 깨끗한 마음새를 가졌던 미완성 성녀 최용신이가 들어 있는 것이다.

최후의 유언의 하나로서 자기의 시체를 강습소 부근에 묻어 달라고 했기 때문에 공동묘지기는 하지만 강습소에서 가장 잘 보이는 이곳에 매장한 것이라 한다.

생명을 걸고 일하던 그도 자기의 몸을 귀중히 여기는 것은 다른 사람들과 마찬가지일 것 같다.

아! 사람은 살아서 지긋지긋하게 제 몸을 위하는 것과 같이 죽어서도 굳이 위하고 싶어 하는 본능을 가진 것일까?

그러나 그 매운(烈) 용신이도 죽어지면 그만이다. 우리가 여기 온 것을 알 수 있을까? 그처럼 애쓴 강습소가 저기 서 있다는 것을 알 수 있을까? 아니 자기가 이 쓸쓸한 곳에 썩어진 뼈 부스러기 채로 묻혀 있는 것조차 알 수 있을까? 아, 아니다. 모두 다 모를 것이다.

'그러기에 옛사람도 인생은 허무하다고 말한 것이겠지?'

다시금 어리석은 인간이나 똑똑한 인간이나 죽음 앞에는 동일한 것을 생각하매 눈앞이 캄캄해진다.

'인생이란 이다지도 무력한 것일까?'

머릿속이 꿈을 꾸는 것처럼 몽롱하다.

"이 비는 여자기독청년회에서 돈 10원이나 보내 줘서 거기에 좀 보태 해 세운 거요."

R 씨는 별다른 감상이 없는 것처럼 평범한 어조로 우두커니 서 있는 나에게 이런 말을 하는 것이다.

"네, 그래요."

그러나 나는 그 비문이 마음에 들지 않았다.

'농촌사업가 최용신 선생'이란 이 얼마나 평면적인 모욕적인 명사냐?

농촌사업가란 만일 그가 살아서 이 말을 들었다면 평소에 추락된 기독교에 대한 항쟁을 하던 것에 조금도 지지 않는 싸움을 했을 것이다.

그를 한 사람의 농촌사업가로만 볼 수는 없을 것이다. 그의 매운 가슴속에는 커다란 야심이 잠겨 있었을 것이다.

또 그런 생각에서 생명을 걸고 일했을 것이다. 그가 철저한 기독교도였다는 것, 즉 세계관, 인생관은 별문제이다.

'이 어떤 소견 없는 사람의 초안(草案)일까?'

하고 후면을 보니 "주후 1935년 1월 25일 조선여자기독청년회"라고 새겼다.

'참으로 머리를 쓸 줄 모르는 여자들이로군!'

나의 표정이 달랐든지 R 씨는 자꾸 무엇을 그래느냐고 물어 댄다.

차라리 '농촌사업가'니 무엇이니를 다 빼 버리고 '최용신지묘(崔容信之墓)'라고만 했어도 나는 덜 섭섭했을 것이다.

상록수 없는 『상록수』의 묘

바람이 분다. 해가 서쪽에 기울어졌다. 저녁때도 거의 다 되었나 보다.

옆에 있는 무명의 묘에는 퍼런 잎이 우거진 상나무가 심겨 있건만 최의 묘 앞에는 이 탐탁지 못한 작은 비석 하나뿐, 나무 한 주도 없다.

나는 이것이 또 섭섭했다.

심훈 씨는 최용신의 피의 결정에서 재료를 얻어 『상록수』를 썼다 하건만, 작자의 생전에 상록수 하나 심어 주지 않았으니 이 얼마나 무심한 사람이냐? 나는 지금이라도 오히려 그를 나무라고 싶다. 그는 원고료 500원을 타서 어디다 썼는지 모르겠다.

'만일 최용신이 그런 돈이 생겼었다면 어떻게 썼을 것인가?'

나는 이것까지 생각해 보지 아니치 못했다.

심은『상록수』를 쓰기 위해 자기의 어떤 친척을 천곡에 보내서 최의 사적을 심문해 갔을 뿐 그 후로는 몸소 발 한번 들여놓지 않았다고 한다. 아! 세상일이란, 사람의 일이란 모두 다 이런 것일까? 그만한 성의가 있다면 그처럼 소홀하게 되지는 않았을 터인데?

그러나 나는 작품으로서의『상록수』를 여기에서 폄하는 것은 아니다.

저 아래서 기적 소리 들린다.

나는 그리로 고개를 돌렸다. R 씨도 나 있는 옆으로 와 섰다.

바다가 멀리 내려다보인다. 바닷가로 뻗친 산 밑에는 '이리역(二里驛)'이 빤하게 서 있다. 역을 끼고…… 굼틀거리는 것같이 보이는 검은 레일이 깔렸고 한들거리는 것 같이 보이는 흰 전선이 걸렸다.

"삐……."

기적 소리가 또 난다. 상여 뚜껑 같은 적은 차가 달려온다.

'최가 살았을 때에는 저런 것도 없었으리라.'

과연 그때만 해도 이 고요한 바닷가에 저런 시끄러운 것들이 단기지 않았다. 다만 벽지의 교통왕인 자동차가 천곡과 새 뜬 동네 앞으로 내왕했을 뿐이다.

최가 타고 서울을 다니던 그 자동차는 지금도 전과 변함없이 날마다 들락거린다.

그동안 기차가 개통된 것과 같이 춘풍추우 4년이 지난 오늘날 천곡은 엄청나게 변해 버렸다. 비록 상전벽해는 아니 되었다 할지라도 그때의 정형을 찾기 어려울 만치 달라졌다고 한다.

지하의 최 양이 만일 이것을 알 수 있다면 통곡해 마지않을 일이다.

우리는 다시 발길을 아래로 떼어 놓았다.

나는 '저승문'을 나와서 꼭대기를 몇 번이나 돌아보았다.

언덕에서 재빠르게 내려오는 흰 저고리 검정 치마 입은 신여성.

"저 사람이 최의 아우요. 오늘 자기 어머니가 와서 서울 간다더니 지금 자동차를 타러 가는 모양이군."

R 씨 하는 말이다.

우리는 그와 막 달질리었다.

형의 사업을 계승한 아우! 나는 눈여겨보지 아니치 못했다. 사진에서 보던 최용신 양의 모습을 좀 닮었다.

'골육을 나눈 동기간이라 그럴 테지?'

그는 R 씨와 몇 말 나눈 후 차 탈 시간이 촉급해서 곧 달음질쳐 가 버렸다.

강습소와 예배당

우리는 산언덕 소나무 밑에 가서 섰다.

'최 양은 여기서 무엇을 했을 것인가?'

눈 내리는 치운 겨울밤! 달 뜬 쓸쓸한 가을밤! 따뜻한 봄날! 더운 여름날!

그는 가슴속 깊이 불타는 희망을 견디지 못해 주먹을 아서져라 쥐었을 것인가? 사업 의 어려움을 애태웠을 것인가? 사랑의 난관을 괴로워했을 것인가? 인생의 무상함을 한숨지었을 것인가? 혹은 흐르는 땀을 씻으며 더위를 들였을 것인가?

소제 당번 아이들이 뛰어다니고, 그들에게 섞이어 부잣집 맏며느릿감 같은 수더분 한 여자가 천연스럽게 배회한다.

벽 밑에서 공기를 하던 계집애들도 치마를 툭툭 털며 일어섰다.

"목사님 계신가요?"

R 씨는 그에게 인사를 받으며 대처 물었다.

"아마 서울서 온 손님들과 같이 신도 방문을 나스셨죠."

나는 아까 본 담 뒤에서 돌아다니던 한 남자와 두 여자가 그들 일행이라는 것을 직각 했다.

"응? 아까 그분들이러군?"

"저이도 선생이오."

하고 가만히 나에게 일러 준다.

그와 용신의 아우, 두 여성이 방금 천곡강습소의 교편을 잡고 있다.

최 양이 죽은 뒤 여성기청(여성기독청년회)에서는 손을 떼고, 또 간섭은 심하고 해서 부득이 교문을 닫게 되었는데, R 씨와 이곳 '농촌사업가'의 노숙(老宿)인 오오야마(大山) 씨라는 일본 내지인과 제휴해서 되었으며, 그 후 오오야마 씨는 아주 천곡으로 반이를 하여 퇴폐한 천곡의 부흥과 강습소의 진전을 위해 노력한다고 한다. 용신 양의 유업은 이렇게 변모했다. 아까 보던 동네 맨 끝에 회벽한 집이 오오야마 씨의 신주택이요, 도데라를 입은 노인이 곧 오오야마 영감이다.

이 사실 이야기를 들으면서 나는 많은 '흥미'를 느꼈다.

그런데 개릇한 일은 용신의 아우가 형의 끼친 사업을 계승코자 멀리 원산에서 이곳까지 온 그것이다. 솔직히 말하면 그는 여러 가지에 있어 자기 선형(先兄)에게 미치지 못한다. 그러나 그 아름다운 마음! 어찌 상찬치 않을 수 있으랴?

그들 두 여성은 다 같이 여자고보를 다녔다 하며, 가정도 유족하다고 한다. 그러나 그들은 고생을 거리끼지 않고 용감히 발 벗고 나섰다.

정신없이 멋만 내고 돈이나 써 가며 소위 학교라고 다녀 가지고 타락의 길을 밟는 계집이나 안락한 가정생활을 영위하는 현대 조선의 인텔리 여성 속에서는 그들이야말로 가위 군계(群鷄)의 한 학이 아닐 수 없다. 여기에도 최용신의 혼은 살아 있는 것이다.

그들이 이 사업을 용신의 그 수준에서 더 진전시킬 수 있느냐? 없느냐? 현재의 형편으로는 그 수준은 고사하고 다분히 변질, 복잡다단하게 된 모양이다.

그렇다! 현재의 천곡은 달아나던 말이 구렁 속에 다닥 질린 격이다. 계몽 사업도 후퇴 부진이다.

그러나 나는 오늘날이란 이때를 보지 못하는 색맹이 아니다.

"자! 좀 더 구경하고 가십시다."

나는 R 씨를 재촉했다.

"그럽시다."

우리는 교정으로 내려왔다.

여선생은 운동장 끝에서 아이들과 무슨 이야기를 하고 섰다.

"그러니까 이 학교 터는 누구 거죠?"

"이것도 다 기부받은 것이라우."

R 씨는 단장을 휘두른다.

"학교 짓기에 돈 많이 들었겠는데?"

"흥흥…… 그저 엉터리로 졌지. 지붕은 최 살았을 적엔 짚으로 엮다가, 그 후 벗겨 버리고 함석으로 인 것이오."

지붕 꼭대기를 쳐다보니 함석이 햇볕에 번쩍인다.

바람은 제 타령으로 분다.

나는 아직도 새 집인 이 교사에서 최의 손길이 닿았던 데를 찾아내려고 했다. 아니, 어디나 다 그의 손이 가지 않은 데가 없을 것이다. 툭 수술어 회담의 돌멩이 하나일 지라도.

교정에는 제충국이 쪽 나란히 탐스럽게 심겨 있다. 군데군데 조그만 복숭아나무, 무궁화나무, 뽕나무……도 보인다.

왼편으로 묘포가 있다. 규모가인 R 씨의 코치로 묘목을 심고, 누에를 치고, 고구마를 심고 해서 그것을 팔아 강습소 경비에 보태 썼다고 한다.

역시 규모가였던 용신은 없어졌건만 그때의 나무는 그저 남아 있다. 아! 서글픈 일이다.

R 씨는 "왜 마저 캐서 팔지 않았는가?" 하고 중얼댄다.

우리는 예배당으로 내려갔다.

예배당 돈대 위에 있는 조그만 외챗집! 이것이 최 양이 여기 와서 두 번째 들어 있었던 기숙사라고 한다. 뺑 돌려 지팽나무들이 우거졌다. 그 새로 사철나무가 걸쳐 있다. 안을 기웃해 보니 마루 위에는 유리병에 ── 그것은 사이다 병이던가? ── 뿌리 없는 꽃이 조는 듯 꽂혀 있고 마루 아래에는 흰 고무신 한 켤레가 단정히 놓여 있다. 그리고 기둥에는 이솔이 걸려 있다. 용신의 살림살이가 연상된다.

"이렇게 들여다봐서 실례되잖을까? 최가 있던 방은 어떤 거죠? 안방인가? 건넌방인가?"

앞서가는 R 씨에게 물었다.

"흥흥흥…… 봄 어때요? 괜찮아요. 최는 안방에 있었죠. 지금은 여선생 둘이 이 집에서 살지……."

막! 예배당 문턱에 가서 걸터앉자 여선생이 내려왔다.

"목사님 오시래까요?"

R 씨에게 묻는 말이다.

"흥흥흥…… 그만두세요."

예배당을 들여다보니 초가인 겉모양과 같이 안 모양도 극히 간소하다. 칠판 한가운데에 걸려 있는 파리를 잡으라는 그림 그린 포스터가 언뜻 눈에 띈다.

담 옆 나무 위에는 종이 걸려 있다.

이 예배당! 저 종!

'그것은 퇴폐해 가는 농촌에서 어떤 연락을 하고 있는가?'

바로 예배당 옆에는 천곡의 권력자인 홍씨가(洪氏家)가 있다. 용신은 처음 이곳에 와서 목사의 호의로 이 예배당을 빌려 고고(呱呱)의 성(聲)을 질렀고, 이 홍 씨로 말미암아 일하기에 몇 배나 더 힘이 들었다고 한다. 한때는 오로지 이 홍 씨를 대상한 ○○이 그의 일의 전부였다. 결국은 그에게 얽맸던 가난한 동민들이 이 방해자를 떠나 용신의 산하에 모이게 되었다고 한다.

여기에도 썩 '재미'있는 이야기들이 숨어 있다.

나는 이 동네에서 가장 큰 채인 안팎채 집인 그 집을 우심히 쳐다보았다.

여선생은 기숙사로 천천히 들어갔다.

그 뒤의 천곡

"저기 앉인 게 바로 그 ○가(哥)요. 흥흥흥……."

R 씨는 어느 집 모퉁이를 돌아가다 깊 옆에 쭈그리고 앉은 늙은 사나이를 가리키는 것이다.

나는 이곳의 지주인 R 씨와 또한 이 동네의 권력자인 홍 씨와의 사이에 원래부터 우호가 깊으리라고는 생각지 않는다. 더구나 의협심이 많은 R 씨인 것이다.

홍 씨 집에서 웃고 나오던 목사가 R 씨를 보자 소리쳐 인사한다. 기독교 반대자였던 것이다.

나는 또한 사랑이란 것에 얼마나 고민하였을까?

나는 여기서 그의 인간 사업에 대한 상세한 보고(기록)를 아직 주제할 수밖에 없다. 그것은 첫째 일후(日後)에 따로 작품을 쓸 작정이므로 더 세밀한 것을 각방으로 탐사 수집해야 될 때문이다.

이곳 농민들의 생활은 날로 더 어려워 간다.

지금 R 씨와 오오야마 씨와 여자기청년 및 예배당 측, 따라서 젊은 두 여선생들은 여기서 움직이고 있다.

최 양의 뿌린 씨! 유업은 어떻게 진전되려는가?

천곡은 어디로 갈 것인가?

기독의 사자(使者)들

목사 댁을 찾았다.

천곡의 연혁과 예배당의 유래를 물으니까 목사는 심히 애매한 대답을 하는 것이다.

'그도 잘 모르는 모양인가?'

이곳에 와서 선교 사업을 하는 분이 그처럼 이곳 사정에 어둔 데는 자못 놀랐다.

나는 그들과 특별히 이야기할 것도 없어 우두커니 R 씨의 옆에 앉아 있었다.

그들은 자기네끼리 이 지방 순회담을 한다.

신학교 출신의 여목사는 말하되

"천곡 사람은 노동을 신성한 줄 아니 퍽 깼습디다."

다른 데는 그렇지 않은데 이곳 사람은 여인네도 죄다 일을 한다는 것이다.

'깬 것이 아니라 살기가 어려우니까 어쩔 수 없이 하게 되는 것이겠지?'

나는 속으로 그를 철없는 말이라고 생각한다.

그 여목사는 올드미스 같으나 퍽 쾌락한 성격이다. 튼튼하기가 건장한 남자와 같다. 그는 나더러 성경을 읽어 보라고 권한다.

한 여자는 이전(梨專, 이화전문학교) 문과 출신인데 퍽 우울한 성격의 소유자다. 침묵을 좋아하는 것이 아마도 문학을 사랑하는 심약한 여성인 것 같다.

목사는 오늘날 기독 교역자의 전형적인 타입이다. 나는 그런 성격에 호의를 갖지 못했다.

R 씨는 그와도 다른 성격이다. 이따금씩 그들의 말을 톡톡 찬다.

그러나 그들이 최용신의 장함을 칭찬하는 것은 공통되었다.

나는 우두머니 거북하게 앉아서 그 군상을 흥미 있게 바라보았다.

해도 거진 다 넘어갔나 보다? 목사 부인이 쌀바가지를 들고 왔다 갔다 하는 것을 보니.

'최 양과 같이 있던 목사였다면 최의 이야기나 더 자세히 들었을걸?'

이 목사는 최 양이 죽은 뒤에 부임했다고 한다.

나는 R 씨를 재촉해서 이 집을 나왔다.

이 집은 최용신 양이 처음에 들었던 숙사라고 한다. 한 번 더 둘러본다.

마당에 나서니 쓸쓸한 바람이 홱 끼친다. 바람은 아직도 잘려면 먼 모양인가? 동네 작은 초가집들에서는 저녁연기가 난다. 아직 끓일 양식은 있는 것인가?

'이같이 쓸쓸한 저녁때에도 최는 여전히 바빴으리라?'

다시 고 최용신 양을 생각하면서 논틀을 건너갔다. (1938년 5월)

15. 『최용신 소전』 발간

김교신, 「서문: 『최용신 소전』에」, 《성서조선》133(성서조선사, 1939); 노평구 엮고 씀, 『김교신 전집: 신앙과 인생(하) 2』(일심사, 1981).

금(今) 기묘년(1939년) 정초에 동계성서강습회로 북한산록(北漢山麓)에 모였을 때에 담론이 고 최용신 양의 생애에 미친 일이 있었다. 그 귀한 생애의 토막토막을 들은 우리들은 그 일생을 상세히 정확하게 기록해 두는 것이 많은 유익을 후세에 전하는 바 될 것이며, 또한 같은 시대에 같은 땅에 살던 동포의 다해야 할 의무로 절실히 느낀다는 데에 의견이 일치했다.

그 전기 출판을 성서조선사에 기대받게 됨에 우리는 그 집필자로 류달영 군을 천택(薦擇)했다. 그것은 동 군이 수원고등농림학교에 배웠으며 고 최 양의 일터 천곡과는 지리적으로 가장 거리가 가까왔다 할 뿐만 아니라 수원고농 내의 조선인학생단체의 일을 통해 최용신 양의 생전에 적지 않은 교섭을 가졌던 것도 우리 중에는 유 군이 오직 그 일인자인 까닭이다. 더욱 유 군은 현재 호수돈고등여학교에 재직해 조선 여성 교육의 제일선에 나서서 쇄골진력(碎骨盡力)하는 열성을 가진 교육자이요, 그 호수돈고등여학교는 이미 세인이 널리 아는 고 방애인 양의 모교인 관계로 하여 방 양의 소전이 중판될 때마다 그 신판에 가장 많은 관심을 가지고 가장 큰 노력으로써 그 소전을 지우(知友)간에 전파해 오던 것도 유 군인 것을 우리가 잘 아는 바이다. 더욱 이 유 군의 문장은 중학 시대로부터 시험제(試驗齊)이며 그 성격이 또한 전기 집필과 같은 중대한 책임을 부담하기에는 가장 적임자인 까닭이었다.

과연 유 군은 이 중책을 맡은 후로는 수차 고 최 양의 사업지인 수원 천곡 지방을 답사하였을뿐더러 그의 고향인 원산과 그의 모교인 루씨고등여학교를 방문해 사실과 일화를 수집하며 처처에 산재한 그의 친우들을 역방하고는 그 생애의 비의(秘義)를 찾고자 노력했다. 한편으로 우리도 천곡을 심방해 노인들의 빙증과 고 최 양의 동생 용경 양이 처녀답게 또한 동생답게 그 비범한 언니의 기사 — 신문 도린 것, 잡지 조각, 사진 등 귀중한 재료를 양도받아서는 이것을 유 군에게 전했고, 고 최 양의 오빠 시항 씨, 시풍 씨의 형제분께서 전기 출판의 승낙을 얻을뿐더러 골육지친으로서 기억하는 사실을 청취 필기하여서는 이를 유 군에게 전달해 그 재료를 보완 첨부하게 하였다.

이리하여 우리의 힘껏을 다하여 최용신 양 일생의 사실을 정확하게 상세하게 그러나 간결하고 용이하여 누구나 그의 일생에서 하나님의 영광을 볼 수 있도록 하고자 해서 필사적 노력으로 급속히 된 것이 이 책이다. 유 군 자신도 말한 바와 같이 고 최 양의 전모를 그린 것으로서는 아직 완벽이라 할 수 없으나 그러나 가장 요긴한 골자는 전하고 남았다 할 것이며, 특히 「그의 생활의 열쇠」라는 1편 같은 것은 전기 기자의 예민한 제육감의 활동이 없이는 찾아낼 수 없는 귀한 문자이다. 이미 천국의 안식에 있는 최 양도 이와 같은 통찰의 힘을 가진 전기 기자를 얻은 일을 깊이 만족해할 줄로 우리는 믿는다.

이 전기 되기까지 유래(由來)를 약기(略記)하여 서(序)에 대(代)하노라.

기묘년(己卯, 소화 14) 국추 북한산록에서 김교신 식(識).

참고 문헌

1. 사료

최용신,「나의 소감」,《푸른하늘》(고베여자신학교, 1934).

──,「농민의 하소연」,《여론》11(1934).

「최용신 유언장」(최용신기념관 소장).

《황성신문》,《대한매일신보》(국한문혼용판),《조선일보》,《시대일보》.

《중외일보》,《조선중앙일보》,《기독신보》,《매일신보》,《한국일보》,《경인일보》

《삼천리》,《신여성》,《신가정》,《여론》,『통계연보』,『시정연보』.

경성지방법원 검사국,「조선남녀학생기독교청년회 하령회 준비 및 회장협의회
　　　　개최에 관한 건」,『사상에 관한 정보철(6)』(1929).

──,「사립이화여자고등학교생도 맹휴에 관한 건」·「서울계공산당 재건운동
　　　　검거의 건」,『사상에 관한 정보철』1(1931).

국사편찬위원회,『한민족독립운동사 자료집 3』(별집)(1992).

──,『일제 침략하 36년사 14』(탐구당, 1974).

김교신, 「성서통신」, 《성서조선》 74 (성서조선사, 1935).

_____, 「서문: 『최용신 소전에』」, 《성서조선》 131 (성서조선사, 1939).

노천명, 「샘골의 천사 최용신 양의 반생」, 《중앙》 5월호 (조선중앙일보사, 1935).

노평구 엮음, 『김교신 전집 6』 (일심사, 1981).

대한YWCA연합회, 『조선여자기독교여자청년회회의록 (1929~1950)』, 최용신기
    념관 소장.

박승극, 「천곡 방문기」, 『다여집 (多餘集)』 (금성서원, 1938).

박인덕, 『농촌 설교 지침』 (농촌여자사업협찬회, 1933).

이여성·김세용, 『숫자조선연구 1~5』 (세광사, 1931~1935).

홍찬의, 『농촌활동의 선구자 최용신 양의 생애와 사상』 (필사본, 홍석창 소장, 1981).

2. 단행본

경기도사편찬위원회, 『경기도 항일독립운동사』 (경기도청, 1995).

_____, 『내 고장 경기도의 인물 1~3』 (경기도청, 2004).

경기도향토사연구협의회, 『인간 상록수 최용신』 (2002).

국사편찬위원회, 『한국 문화사 2: 배움과 가르침의 끝없는 열정』 (두산동아,
    2005).

김경일, 『여성의 근대, 근대의 여성』 (푸른역사, 2004).

김명옥, 『잊혀졌던 역사 상록수와 최용신 선생』 (제일청년문고, 1994).

_____, 『백년을 앞선 선각자 최용신의 외로운 진실』 (책과나무, 2017).

김양선, 『1930년대 소설과 근대성의 지형학』 (소명출판, 2003).

김형목, 『상록수의 꿈과 희망, 최용신과 샘골강습소』 (사단법인 대한민국순국선열
    유족회, 2005).

_____, 『한국독립운동의 역사 35: 교육운동』 (한국독립운동사편찬위원회·독립기념

과 한국독립운동사연구소, 2009).

_____,『최용신, 소통으로 이상촌을 꿈꾸다』(선인, 2015).

_____,『배움의 목마름을 풀어 준 야학운동』(서해문집, 2018).

김호일,『2월의 문화인물 최용신』(문화관광부, 2001).

류달영,『농촌계몽의 선구여성 최용신 소전』(성서조선사, 1939).

_____,『농촌계몽의 선구 최용신 양의 생애』(아데네사, 1956).

_____,『눈 속에서 잎 피는 나무』(중앙출판공사, 1978).

_____,『최용신의 생애』(성천문화재단, 1998).

민경배,『한국기독교사회운동사』(대한기독교출판사, 1987).

박용옥,『한국여성항일운동사 연구』(지식산업사, 1996).

박화성,『송산 황애덕 선생의 사상과 생애: 새벽에 외치다』(휘문출판사, 1966).

배은희,『방애인 소전』(전주유치원, 1934).

서병욱,『어리석은 선구자 최용신』(안산시·경기도향토사연구협의회, 2010).

수원농학80년편찬위원회,『수원농학 80년』(서울농과대출판부, 1986).

심훈,『상록수』(동아일보사, 1936).

안산시,『일제강점기 안산 지역 교육과 최용신의 현재적 의의』(선인, 2017).

안산시사편찬위원회,『안산시사 상』(안산시, 1999).

역사문제연구소,『일제하 사회운동 인명 색인집 하』(여강출판사, 1992).

오성철,『식민지 초등 교육의 형성』(교육과학사, 2000).

유봉호,『한국교육과정사 연구』(교학연구사, 1992).

윤유석,『내 몸뚱이는 샘골과 조선을 위한 것이다』(경기도향토사연구협의회, 2010).

_____,『샘골 사람들, 최용신을 말하다』(최용신기념관, 2016).

윤정란,『한국 기독교 여성운동의 역사』(국학자료원, 2003).

이원화,『서울YWCA 50년사』(서울YWCA, 1976).

이재광,『이 땅에 문화를 일군 사람들』(세상의창, 2001).

이하준,『항일기 국어교육』(가톨릭대출판부, 2005).

이화여자대학교80년사편찬위원회, 『이화 80년사』(이화여대출판부, 1967).

인주승, 『상록수와 최용신의 생애』(홍익재, 1992).

장병욱, 『한국감리교여성사』(성광문화사, 1979).

장시원 외, 『한국 근대농촌사회와 농민운동』(열음사, 1988).

전밀라, 『또다시 기다리는 마음으로』(양광교회 편집부, 1986).

조성운, 『일제하 수원 지역의 민족운동』(국학자료원, 2003).

조용만, 『일제하 한국신문화운동사』(정음사, 1975).

추영수 엮고 씀, 『구원의 횃불』(중앙여자고등학교, 1971).

천성호, 『한국야학운동사』(학이시습, 2009).

천화숙, 『한국여성기독교사회운동사』(혜안, 2000).

최규진, 『일제의 식민교육과 학생의 나날들』(서해문집, 2018).

최용신선생 정신모임회, 『최용신 선생 정신사료집』(2004).

최은희, 『여성을 넘어 아낙의 너울을 벗고』(문이재, 2003).

최조영, 『눈물이 강이 되고 피땀이 옥토 되어』(기독교대한수도원, 1994).

한규무, 『일제하 한국기독교 농촌운동(1925~1937)』(한국기독교역사연구소, 1997).

홍석창, 『농촌계몽운동의 선구자 최용신 양의 신앙과 사업』(세헌, 1984).

_____, 『상록수 농촌 사랑』(기독교문사, 1991).

_____, 『감리교회와 독립운동』(에이맨, 1998).

_____, 『최용신과 샘골마을 사람들』(한국감리교사학회, 2010).

_____, 『최용신과 샘골마을 사람들 2』(열음사, 2012).

_____, 『최용신과 샘골마을 사람들 3』(다산글방, 2018).

3. 논문 및 기타

3·1여성동지회, 「최용신의 브나로드운동」, 『한국여성독립운동사』(중앙출판인쇄

주식회사, 1981).

기애도, 「상록수론」, 《숭실논총》 21(숭실어문학회, 2005).

김권정, 「1930년대 전반 기독교 민족운동의 동향과 그 성격」, 《한국민족운동사
　　　연구》 50(한국민족운동사학회, 2007).

김동선, 「성천 류달영의 생애와 민족의식」, 《숭실사학》 31(숭실사학회, 2013).

김성은, 「1930년대 조선 여성 교육의 사회적 성격」, 《이대사원》 29(이대사학회,
　　　1996).

김양식, 「일제하 동계 연구」, 《사학지》 30(단국사학회, 1997).

김영범, 「1930년대 독립운동의 특성」, 《한국독립운동사연구》 8(독립기념관 한국
　　　독립운동사연구소, 1994).

김인식, 「최용신의 농촌운동론: 농촌계몽론자에서 브나르도운동가로」, 《숭실사
　　　학》 31(숭실사학회, 2013).

김학준, 「상록수의 사랑과 죽음」, 《여원》 103(여원사, 1964).

김형목, 「야학운동의 의의와 연구 동향」, 《사학연구》 66(한국사학회, 2002).

　　　, 「최용신 유언장」, 《관보》 7월호(독립기념관, 2006).

　　　, 「최용신의 현실 인식과 농촌계몽운동」, 《사학연구》 88(한국사학회,
　　　2007).

　　　, 「최용신에 대한 연구 동향과 쟁점」, 『이것이 안산이다: 안산학 리포트 1』
　　　(안산학연구원, 2009).

　　　, 「최용신 농촌계몽운동과 연구 동향」, 『최용신, 기억 속에서 아시아로 걸
　　　어 나오다』(안산시·경기도향토사연구협의회, 2009).

　　　, 「상록수 정신」, 『안산시사 5』(안산시사편찬위원회, 2011).

　　　, 「1920년 원산독립운동 관련 자료」, 《한국민족운동사연구》 75(한국민족
　　　운동사학회, 2013).

　　　, 「최용신 가족의 민족운동 참여와 역사적 의의」, 『제2회 최용신학술심포
　　　지엄자료집』(안산학연구원·안산학시민대학, 2014).

_____, 「무산아동과 전쟁고아의 어머니, 김노득」,《관보》11월호(독립기념관, 2014).

_____, 「스물넷, 꽃처럼 져 버린 거리의 성자 방애인」,《관보》12월호(독립기념관, 2014).

_____, 「안산지역 국채보상운동의 지역운동사상 의의」,『이것이 안산이다: 안산학 리포트 7』(안산학연구원, 2016).

_____, 「소통으로 공동체적 삶을 꿈꾼 최용신」,『제4회 최용신학술심포지엄 자료집』(안산학연구원, 2017).

_____, 「한말 안산지역 근대교육운동의 역사적 성격」,『이것이 안산이다: 안산학 리포트 8』(안산학연구원, 2017).

노영택, 「일제 시기의 문맹률 추이」,《국사관논총》51(국사편찬위원회, 1994).

_____, 「교육」,『신편 한국사 51』(국사편찬위원회, 2001).

대한YWCA연합회, 「기독교적 농촌계몽사업」,『한국YWCA 반백년』(대한 YWCA 연합회, 1976).

류달영, 「늘 푸른 나무: 농촌계몽에 청춘을 바친 최용신 양의 정신은 지금도 농부의 가슴에 무성하고 있다」,《여원》6(여원사, 1960).

민경배, 「YWCA의 농촌운동」,『한국기독교사회운동사』(대한기독교출판사, 1987).

박병채, 「일제하의 국어운동 연구」,『일제하의 문화운동사』(고려대 아세아문제연구소, 1971).

박상규, 「농촌으로 돌아가라: 농촌계몽운동」,『한국 현대사 8: 신사회 100년』(신구문화사, 1980).

박용옥, 「일제식민지하 신여성운동과 최용신: 신여성 최용신의 농촌운동과 그 정신」,《백산학보》70(백산학회, 2004).

신용하, 「1930년대 문자보급운동과 브나로드 운동」,《한국학보》120(일지사, 2005).

양영환, 「1930년대 조선총독부의 농촌진흥운동」, 《숭실사학》 6(숭실대사학회, 1990).

엄혜순, 「1920~1930년대 한국기독교 농촌운동에 관한 고찰」, 《기독교사학연구》 3(기독교사학연구소, 1996).

오성철, 「1930년대 초등 교육의 확대와 조선인에의 교육 요구」, 《교육이론》 6(서울대교육학연구회, 1991).

유천형, 「신간회의 민족운동과 상록수 정신」, 《안산문화》 13(안산문화원, 1993).

_____, 「최용신의 계몽운동」, 『안산시사 상』(안산시청, 1995).

윤유석, 「최용신에 대한 기억의 스토리텔링」, 『최용신, 기억 속에서 아시아로 걸어 나오다』(안산시·경기도향토사연구협의회, 2009).

윤정란, 「일제하 한국 여성의 존재 형태: 1930년대 기독교 여성들의 활동을 중심으로」, 《국사관논총》 94(국사편찬위원회, 2000).

이덕주, 「기독교 여성 민족운동 맥락에서 본 최용신의 농촌운동」, 《신학과 세계》 47(감리교신학대, 2003).

_____, 「전주고아원 설립자 방애인」, 『한국 교회 처음 여성들』(홍성사, 2007).

이만열, 「일제하의 문화운동」, 『한국 현대사의 제 문제 2』(을유문화사, 1987).

_____, 「아시아 여성사회운동 및 다민족 사회와 최용신」, 『최용신, 기억 속에서 아시아로 걸어 나오다』(안산시·경기도향토사연구협의회, 2009).

이배용, 「일제시대 여성운동의 연구 성과와 과제」, 『한국사론』 26(국사편찬위원회, 1996).

이은선, 「일제하 여성민족운동과 최용신: '한국적 페미니스트'로 최용신 다시 읽기」, 《인문학연구》 32(중앙대 인문학연구소, 2001).

이정태, 「일제하 안산 지역의 사회운동과 최용신」, 『인간 상록수 최용신 재조명 심포지엄』(경기도향토사연구협의회, 2002).

이지원, 「1930년대 전반 민족주의 문화운동론의 성격」, 《국사관논총》 51(국사편찬위원회, 1994).

장규식, 「1920~1930년대 YMCA 농촌 사업의 전개와 그 성격」, 《한국기독교와 역사》4(한국기독교역사연구소, 1995).

전광용, 「상록수고」, 《동아문화》5(동아문화사, 1966).

차혜영, 「약자를 돌보는 여성적 리더십: 『상록수』와 최용신」, 『최용신, 기억 속에서 아시아로 걸어 나오다』(안산시·경기도향토사연구협의회, 2009).

천화숙, 「1920~1930년대 조선여자기독교청년연합회(YWCA) 농촌 사업의 전개와 그 성격」, 《사학연구》57(한국사학회, 1999).

최석규, 「1930년대 전반기 민중교육운동」, 《한국학연구》6·7(인하대 한국학연구소, 1996).

하희정, 「3·1운동 이후 기독교의 사회적 실천과 여성농촌운동: 감리교와 김노득을 중심으로」, 《한국기독교와 역사》48(한국기독교역사연구소, 2018).

한규무, 「1930년대 한국 기독교회의 농촌 지도자 양성 기관에 관한 일고찰」, 《한국근현대사연구》3(한국근현대사연구회, 1995).

_____, 「최용신과 일제강점기 안산 지역의 기독교 농촌운동」, 『일제강점기 안산 지역 교육과 최용신의 현재적 의의』(선인, 2017).

한도현, 「1930년대 농촌진흥운동의 성격」, 『한국 근대농촌사회와 일본제국주의』(문학과지성사, 1986).

한동민, 「염석주의 국내 사회운동과 샘골강습소」, 『제3회 최용신 학술심포지엄 자료집』(안산학연구원, 2015).

홍석창, 「일제하 기독교 사상과 최용신」, 《인문학 연구》32(중앙대 인문학연구소, 2001).

홍인애, 「민족독립운동가 최용신의 생애와 사상 연구」, 《한국민족운동사연구》19(한국민족운동사연구회, 1998).

_____, 「최용신의 생애와 사상」, 김호일 엮고 씀, 『한국 근현대이행기 사회연구』(신서원, 2000).

최용신 평전

1판 1쇄 찍음 2020년 2월 14일
1판 1쇄 펴냄 2020년 2월 28일

지은이 김형목
발행인 박근섭·박상준
펴낸곳 (주)민음사

출판등록 1966. 5. 19. 제16-490호
주소   서울특별시 강남구 도산대로1길 62(신사동) 강남출판문화센터 5층
          (우편번호 06027)
대표전화 02-515-2000 | 팩시밀리 02-515-2007
홈페이지 www.minumsa.com

ISBN 978-89-374-9115-3 (03990)